Abu

Ich widme dieses Buch meiner Frau Belinda
und meinen beiden Kindern Nathaniel und Rebecca.
Sie haben das Opfer gebracht, ihren Vater selten zu sehen,
damit er Gott dienen konnte. Danke, dass ihr das erlaubt habt!
Ich liebe euch.

Und ich widme es allen Mitchristen
mit muslimischem Hintergrund in der arabischen Welt.
Ihr habt mein Leben mit euren Erfahrungen bereichert
und mir erlaubt, an eurem Leben Anteil zu nehmen.

Kent

Ich widme dieses Buch den Missionaren –
und dazu gehört auch Stephen (wie ich Abu nenne) –,
die so viele Opfer für Christus gebracht haben.

Inhalt

Vorwort von Kent A. Van Til

„In den letzten Jahren sind mehr Muslime zum christlichen Glauben konvertiert als in den 1 400 Jahren zuvor." Diese Feststellung traf Abu Atallah im Jahr 2014. Und wenn jemand berechtigt ist, so etwas zu sagen, dann ist es Abu. Er ist selbst ehemaliger Muslim, der zu Christus gefunden hat, und Gott hat ihn gebraucht, um Hunderte von Muslimen zu Jesus Christus zu führen.

Ich kenne Abu unter seinem englischen Namen Stephen. Wir sind uns als Theologiestudenten in den Achtzigerjahren begegnet. Damals kannte ich ihn eher flüchtig, aber ich erinnere mich noch gut an seinen Humor und an manches Schwere, das er durchzustehen hatte. Ich ging nach dem Studium als Missionar nach Lateinamerika. Später habe ich eine akademische Laufbahn verfolgt und ihn so aus den Augen verloren. Dann hatten wir vor ein paar Jahren „zufällig" ein Ehemaligentreffen und natürlich habe ich ihn gefragt, was er in der Zwischenzeit gemacht hat. Er hat es mir erzählt. Und je mehr er erzählte, umso größer wurde mein Erstaunen. Und in mir wuchs die Überzeugung, dass man diese Geschichte erzählen musste. Wenig später war mir auch klar, dass ich derjenige war, der das tun sollte. Und so folgt hier Stephens Geschichte, von ihm erzählt und in meinen Worten wiedergegeben.

Stephen wurde Ende der Fünfzigerjahre in eine gut situierte Familie in Kairo hineingeboren. Er war ein kontaktfreudiges Kind und überall beliebt. Relativ früh in seinem Leben musste er den Verlust von zwei nahen Angehörigen verkraften. Schon als Kind begann er, sich grundlegende religiöse Fragen zu stellen. Er suchte Gemeinschaft und Vergewisserung in der Muslimbruderschaft, fand dort aber nur Gewalt und verließ die Gruppierung rasch wieder.

Dann hat Christus mit seiner Liebe Stephen gefunden. Er entdeckte diese Liebe in anderen christlichen Studenten, vor allem aber in Christus selbst. Für seine Konversion hat er einen hohen Preis bezahlt. Er verlor seine Familie, seine Freunde, seine Karriere und sein Zuhause. Er schlief auf Fußböden und wurde vom College verwiesen. Sein Leben war in Gefahr. Er wählte den englischen Namen Stephen, weil er überzeugt war, dass er bald selbst zum Märtyrer werden würde.

Aber durch Gottes Gnade konnte er Ägypten verlassen und in den USA studieren. Er hat drei Universitätsabschlüsse erworben und anschließend sein Leben der Arbeit unter Muslimen gewidmet – solchen, die Christus bereits gefunden haben, und solchen, die ihm noch fernstehen.

In Dearborn in Michigan, einer Region, in der viele arabischstämmige Menschen leben, hat Stephen eine Gemeinde gegründet. Später wurde er Islamexperte im Beratergremium einer großen Missionsgesellschaft mit Sitz in London. Heute ist er im Auftrag der Evangelical Presbyterian Church als Missionar in Europa unterwegs. Er arbeitet unter den Millionen syrischer Flüchtlinge auf europäischem Boden. Außerdem leitet er ein Ausbildungs- und Einkehrzentrum in Spanien und reist als Referent rund um den Globus.

Immer aber war Stephen ein Zeuge für Christus, für den Herrn, der ihn zuerst geliebt hat. Von ihm redet er in persönlichen Gesprächen mit den angesehensten und den einfachsten Mitgliedern der muslimischen Gemeinschaft, aber auch auf etlichen Webseiten im Internet. Auf vier Kontinenten ist er als hoch geschätzter Evangelist unterwegs.

Aber seine Geschichte ist keine reine Erfolgsstory. Bis heute konnte er noch nicht wieder unter seinem wahren Namen nach Ägypten zurückkehren. Er müsste befürchten, dass man ihn wegen Abfalls vom Islam töten würde. Seine eigene Familie hat zwei unterschiedliche kulturelle Wurzeln und musste sehr oft umziehen, immer wieder auch in ein neues Ausland. Materiell lebt er meist sehr einfach. Aber wenn man ihn fragt, ob er es bedauert, dass er so viel aufgegeben hat, kommt seine Antwort rasch: „Ich würde es jederzeit wieder genauso machen. Denn ich tue es für den, der so viel für mich getan hat."

Lernen Sie hier Stephens Geschichte kennen.

1
Kindheit in Kairo

Mein Vater stand in der Schlange, um einen Fisch und drei kleine Brote zu kaufen. Er erhielt die Lebensmittel und dann wurde seine Rationierungskarte für diesen Tag entwertet. Was er bekommen hatte, musste für die fünfköpfige Familie reichen. Das war in Port Said in Ägypten Ende 1956, während der Suezkrise. Im Sommer dieses Jahres hatte der ägyptische Präsident Nasser die Verstaatlichung des Suezkanals bekannt gegeben. Aber die Briten, Franzosen und Israelis wollten die Kontrolle über den Wasserweg behalten. Die Briten legten mit ihren Bomben die halbe Stadt in Schutt und Asche. Das Viertel, wo wir wohnten, war relativ sicher, weil das italienische Konsulat in unserer Straße lag und die Italiener mit den Briten verbündet waren. Die Kämpfe dauerten an, bis die vereinten Kräfte der USA und der Sowjetunion am 23. Dezember Franzosen, Briten und Israelis vertrieben.

Wir Ägypter hatten unsere festen Bilder von den britischen und den französischen Soldaten. Die Briten galten als unbeholfene, aber freundliche Kerle, die uns ägyptischen Kindern Schokolade schenkten. Die Franzosen dagegen waren stolz und elegant und stellten den ägyptischen Frauen nach. Auch meine Mutter teilte wohl diese Vorstellungen. Eines Tages sagte eine Freundin zu ihr, sie solle vorsichtig sein – sie sei hellhäutig und attraktiv und ein paar Franzosen würden ihr nachstellen. Meine Mutter nahm das sofort sehr ernst. Als gute Muslima fürchtete sie um ihre Reinheit und ihren Ruf. Sie floh barfuß aus dem Haus der Freundin und ließ ihre Sandalen dort im staubigen Hof zurück.

Drei Wochen, nachdem der letzte britische Soldat Ägypten verlassen hatte, wurde meinen Eltern ihr viertes Kind geboren – ich. Ich kam sechs Jahre nach meinem nächstälteren Bruder

Moustafa, acht Jahre nach meinem ältesten Bruder Yasser und zehn Jahre nach meiner Schwester Azieza zur Welt. Ich war also das Nesthäkchen der Familie. In Ägypten gibt es ein Sprichwort: „Die Traube, die am tiefsten hängt, ist am süßesten." Es meint, dass das jüngste Familienmitglied am süßesten ist. Und ich möchte gern glauben, dass das wahr ist. Ich war nie ein ungestümer Mensch; ich habe anscheinend das freundliche und ausgeglichene Temperament meiner Mutter geerbt.

Wie man mir erzählt, war meine Schwester Azieza oft mein Babysitter. Und sie hat ihre Sache sicher gut gemacht – noch jetzt, fünfzig Jahre später, zieht sie mich damit auf, dass ich ihr noch etwas schuldig sei für all die Arbeit, die sie mit mir hatte: Windeln wechseln, mich füttern und so weiter. Zu meinem ältesten Bruder Yasser hatte ich eine enge Verbindung. Er war ein guter Schüler und hat uns allen sozusagen den Weg bereitet. Auch Moustafa stand mir nahe, aber er war eher in sich gekehrt und blieb gern für sich.

Mein Vater war Lehrer. Er hatte einen Masterabschluss in Kunst und war auf Töpferei spezialisiert. Er war künstlerisch begabt. Ich besitze noch heute einige Bleistiftzeichnungen von Charlie Chaplin, Laurel und Hardy oder Clark Gable und Vivien Leigh, die er gemacht hat. Er war ein Bewunderer der Kunst von Vincent van Gogh; im ganzen Haus hingen Drucke seiner Bilder.

Sein Vater, mein Großvater, den ich nicht mehr kennengelernt habe, war ein relativ wohlhabender Mann gewesen. Er hatte zwei Frauen und eine ganze Reihe von Geliebten. Er hatte türkische Wurzeln (wie viele in Ägypten, das einmal Teil des Osmanischen Reiches war). Man nannte ihn „Pascha", ein Adelstitel, der ihm einen Sitz im Senat verschaffte. Ich besitze ein Bild von ihm. Es zeigt ihn in elegantem Anzug mit einem türkischen Fez, Goldketten und einer goldenen Taschenuhr. Er gab einen Großteil seines Vermögens für Sängerinnen und Tänzerinnen aus, aber immerhin sorgte er dafür, dass seine vier Söhne eine gute Ausbildung bekamen.

Mein Onkel Sai'id bekam vom ägyptischen Erziehungsministerium ein Stipendium für ein Architekturstudium an der Sorbonne in Paris. Die Hälfte des Geldes schickte er seiner Mutter, meiner Großmutter, damit sie davon seine jüngeren Brüder versorgen konnte. Onkel Sai'id wurde später Dekan der Kunstakademie in Kairo.

Ein anderer Onkel war blind; er starb mit sechsunddreißig, bevor ich geboren wurde. Sie nannten ihn „Scheik Mustafa". Er konnte den gesamten Koran auf Arabisch auswendig rezitieren.

Der dritte Bruder meines Vaters, Sabri, war das schwarze Schaf der Familie. Er war meistens betrunken und gelegentlich bestahl er seine Brüder. Mein Vater und Onkel Sai'id schämten sich für ihn, fühlten sich aber doch für ihn verantwortlich. Meiner Mutter tat er leid und immer, wenn er vorbeikam, servierte sie ihm eine ordentliche Mahlzeit und steckte ihm ein bisschen Geld zu.

Die Ausbildung, die mein Vater erhalten hatte, war gut und ermöglichte ihm den Aufstieg im ägyptischen Erziehungsministerium. Allerdings waren Beförderungen meistens mit einem Umzug verbunden. Die Folge war, dass wir Kinder jeder in einer anderen Stadt geboren wurden. Kurz nach dem Ende der Suezkrise zogen wir in einen etwas besseren Vorort von Kairo, wo mein Vater in der Schulverwaltung tätig war. Als kleiner Junge lief ich meinem Vater in die Arme, wenn er nach Hause kam, umarmte ihn und bettelte um ein Bonbon. Ich bekam mein Bonbon jedes Mal und außerdem einen kleinen Kniff oder Biss in die Wange – in Ägypten ein verbreiteter Ausdruck von Zärtlichkeit.

Als ich sechs war, ging mein Vater auf Antrag der libyschen Regierung nach Libyen. Damals verfügte Ägypten über weit mehr gut ausgebildete Fachkräfte als jedes andere nordafrikanische Land und schloss Verträge mit den Nachbarstaaten über einen Fachkräfteaustausch. Der König von Libyen (Idris el-Senussi) hatte Ägypten um Lehrkräfte gebeten.

Wenn mein Vater in den Schulferien aus Libyen zurückkam, brachte er uns meist Geschenke mit. Einmal bekam ich ein rotes Dreirad, das ich mir schon lange gewünscht hatte. Oder er führte mich aus und ich bekam meinen Lieblingsnachtisch, karamellisiertes Brot. Kein Wunder, dass ich mit zwanzig bereits sieben Füllungen in den Zähnen hatte. Dazu trug auch die Tatsache bei, dass ich immer wieder Zuckerwürfel aus der Küche mitgehen ließ. Wie die meisten Ägypter bin ich ein Leckermäulchen.

Die gute Position in Nassers Erziehungsministerium brachte meinem Vater ein weit höheres Einkommen, als die meisten Ägypter es damals hatten. In Libyen war er Staatssekretär im Erziehungsministerium. Libyen lebte damals gut vom Öl; mein Vater muss sehr gut verdient haben und wie mein Großvater, der Pascha, gab er sein Geld auch gern aus. Er trug teure Sommeranzüge aus feiner englischer Wolle und kaufte mir auch so einen. Der Anzug hatte elf Taschen (ich habe nachgezählt!). Einmal kam er aus Libyen in einem neuen Mercedes nach Hause. Meine Mutter war weiser im Umgang mit Geld. Sie bestand darauf, dass er das Auto verkaufte, und erwarb mit dem Geld ein Grundstück, auf dem meine Eltern ein eigenes Haus bauen konnten.

Mein Vater war kein besonders religiöser Mensch. Er ging zum Freitagsgebet in die Moschee, aber während der Woche war Religion für ihn nicht wichtig. Er glaubte, dass seine guten Absichten und Taten wohl ausreichten, um ihm das Paradies zu verdienen. Im Islam zählen die guten Absichten ebenso wie die guten Taten. Und genauso viel zählt es, nichts Böses zu tun. Beim Jüngsten Gericht hat also derjenige gute Chancen, ins Paradies zu kommen, der sich relativ wenig hat zuschulden kommen lassen, aber wenigstens die Absicht hatte, recht viel Gutes zu tun. Der Engel zur Rechten hält ein Buch, in dem die guten Taten verzeichnet sind, der Engel zur Linken eines mit den schlechten Taten. Dann werden beide Bücher auf eine Waage gelegt. Wenn die guten Taten schwerer wiegen als die bösen, öffnet sich die Tür zum Paradies, im umgekehrten Fall das Tor zur Hölle.

Als Kind war ich ein guter Muslim. Ich achtete auf den Ruf des Muezzin vom Minarett und verrichtete fünfmal am Tag meine Gebete. Der Muezzin rief:

> *„Allah ist größer als alles und mit nichts vergleichbar.*
> *Ich bezeuge, dass es keine Gottheit gibt außer Allah.*

Ich bezeuge, dass Mohammad Allahs Gesandter ist.
Eilt zum Gebet.
Eilt zum Heil.
Allah ist größer als alles und mit nichts vergleichbar.
Es gibt keine Gottheit außer Allah."

Auch meine Großmutter mütterlicherseits stammte aus der Türkei. Sie hatte eine hellere Haut als die meisten Ägypter, was als großer Vorteil gilt. Bis heute bezeichnet man in Ägypten und einem Großteil der arabischen Welt dunkelhäutige Menschen inoffiziell als Sklaven; sie gelten als minderwertig. Meine Mutter drängte mich und meine Geschwister, dunkelhäutige Menschen zu meiden. Es sieht so aus, als hätte sie sich durchgesetzt: Alle meine Geschwister und ich haben blonde Ehepartner.

Meine Mutter hatte ihre eigene Mutter verloren, als sie erst sieben Jahre war. Sie hatte noch eine zweijährige Schwester, um die sie sich ebenso kümmerte wie um den Haushalt. Meine Mutter musste früh lernen, Verantwortung zu übernehmen, und es war eine harte Schule. Ihr Vater heiratete später noch einmal und hatte mit seiner zweiten Frau einen Sohn. Dieser Junge entwickelte eine sehr enge Bindung zu meiner Mutter und ist für mich bis heute ein Onkel, dem ich sehr verbunden bin.

Meine Mutter war religiöser als mein Vater: Seit sie sieben Jahre alt war, hat sie an jedem Tag ihres Lebens fünfmal am Tag zu Allah gebetet – so wie der Koran es vorschreibt.

Das Haus, das meine Mutter kaufte (während mein Vater in Libyen war), wuchs schließlich zu einem vierstöckigen Komplex, der jedem Kind eine Wohnung bieten sollte, wenn wir heiraten und eigene Familien gründen würden. Wir wohnten im dritten Stock. Ich kenne das Gebäude aus jeder denkbaren Perspektive, denn meine Brüder Yasser und Moustafa hielten mich öfters mal an den Zehen kopfüber über das Balkongeländer!

Unser Haus war ein schönes Zuhause. Es lag in einem Viertel, in dem es viele Botschaftsgebäude gab und in dem viele Ausländer lebten. Es war nur ein paar Straßen vom Nil entfernt; Kraniche, Fischreiher und Kormorane waren eigentlich ständig irgendwo am Himmel zu sehen. In den Straßen standen Birken und Palmen. Jeden Morgen kam eine Beduinenfrau mit ihrem Esel aus dem Umland und bot gute, gesunde Büffelmilch zum Kauf an.

Meine Brüder und ich spielten jeden Tag zusammen, aber sie ließen mich oft als „Einmannteam" gegen sich antreten. Dann stand ich mit meinen fünf oder sechs Jahren mit einem Gummiband und Papierkügelchen in der Hand da und meine treffsicheren älteren Brüder beschossen mich mit Papier. Ich verlor das Spiel immer.

Unser Viertel lag am Stadtrand, Felder und Bauernhöfe waren nicht weit entfernt. Es gab einen Fußballplatz und die Straßen waren relativ sicher. Heute ist Kairo längst über dieses Viertel hinweggeschwappt – eine ständig wachsende Stadt mit mehr als acht Millionen Einwohnern.

Wir waren wohlhabend genug, um Mitglieder in einem Country-Klub zu sein. Dort traf sich die ägyptische Elite, die Briten und die Deutschen, die in Ägypten lebten. Es gab einen Pool, ein Kino, ein Polofeld und so weiter. Wir gingen oft dorthin, bestaunten die Europäer beim Sonnenbaden und sahen uns Hollywoodfilme an. Die Klubmitgliedschaft war das Aushängeschild für unseren hohen sozialen Status. Ein altes ägyptisches Sprichwort sagt: „Iss, was dir schmeckt, wenn du zu Hause bist, aber wenn du aus dem Haus gehst, kleide dich so, wie andere es von dir erwarten." Daran hielten wir uns. In der Öffentlichkeit gaben wir ein gutes Bild ab – und wir waren stolz darauf.

Meine Großmutter wohnte ganz in der Nähe. Sie war eine liebenswürdige alte Dame, aber sie war blind und brauchte Gesellschaft. Deshalb gab sie mir ein Taschengeld dafür, dass ich bei ihr saß und sie mir Geschichten aus *Tausendundeiner Nacht* oder andere Fabeln und Parabeln erzählte. All diese Geschichten kenne ich noch gut; manche verwende ich heute selbst, wenn ich öffentlich spreche.

Damals gab es in unserem Viertel einen jungen *Imam,* der in billiger Baumwollkleidung und Flipflops herumlief und eine neue Moscheegemeinde um sich sammelte. Ich zog zusammen mit anderen Kindern des Viertels um die Häuser und sammelte Geld für die neue Moschee. Und wir hatten Erfolg. Heute trägt dieser Imam Seidenkleider und steht einer großen Moscheegemeinde vor.

Täglich hatten wir Besuch aus der Großfamilie. Das war für uns ganz normal. Wie in unserer Kultur üblich, kündigten sich die Besucher selten vorher an. Ich erinnere mich, dass meine Mutter einmal für eine Woche zu Verwandten musste, um dort auszuhelfen. Sie plante alle Mahlzeiten sorgfältig vor und beschaffte alles, was wir für jeden Tag brauchen würden. Ein paar Tage später kamen Verwandte meines Vaters vorbei – eine zwölfköpfige Familie. Wir hießen sie willkommen und bewirteten sie fürstlich, wie es eben üblich ist. Wir mussten rasch Lebensmittel nachkaufen und hatten kaum genug Geld dafür. Aber wir genossen den Besuch, und als sie wieder gingen, beteuerten wir, was für eine Freude es gewesen sei, dass sie da waren und dass sie doch bald wieder einmal vorbeikommen sollten.

In arabischen Gesellschaften ist es höchst wichtig, dass man seiner Familie Ehre macht. Wenn man mich jemandem vorstellte, den ich noch nicht kannte, wurde genau dargelegt, wo mein Platz im Familienstammbaum war, bis jeder mich einordnen konnte. „Ach ja, dann ist deine Mutter die Schwester von X, die den Sohn von Y geheiratet hat. Und der gehörte zur Familie T, die so großzügig für die Moschee in S gespendet hat." Es ist ein bisschen wie Bingospielen. Wir reden so lange über die Verbindungen und Verwandtschaftsverhältnisse, bis wir sagen können: „Bingo, wir sind also verwandt!" Das hat in arabischen Gesellschaften eine lange Tradition. Noch heute führen sich politische Parteien häufig auf Familienzweige oder Splittergruppen zurück, die sich schon vor Jahrhunderten von einem arabisch-muslimischen Stamm abgezweigt haben.[1]

Das höchste Fest im Jahr ist der Ramadan, ein großes Familienfest. Das einmonatige Fasten ist eine der fünf Säulen des Islam. Von Sonnenaufgang bis Sonnenuntergang wird gefastet. Verboten ist nicht nur Nahrung, sondern auch Wasser, Tabak, Sex und so weiter. Der Sinn des Fastens ist ein doppelter: Die

Schwäche des Körpers soll die spirituelle Kraft stärken. Und es ist ein Akt der Solidarität mit den Armen, die meistens nicht genug zu essen haben. Der islamische Kalender ist nach Mondzyklen eingeteilt. Der Termin für den Ramadan ändert sich daher von Jahr zu Jahr. Wenn der Ramadan in die Sommermonate fällt, kann das sehr anstrengend sein, denn dann steigen die Temperaturen tagsüber in Kairo auf an die 40 Grad. Außerdem ist der Tag viel länger als in den Wintermonaten.

Jeder Muslim weiß, dass er sich im Ramadan besonders untadelig verhalten sollte, denn schlechte Taten machen das Fasten unwirksam. Aber die Kombination von Sommerhitze und Fasten hat eine unbeabsichtigte Nebenwirkung: Die Leute werden gegen Ende eines langen Tages ohne Nahrung und Wasser ziemlich reizbar. Daher sind Prügeleien an heißen Ramadantagen in Kairo an der Tagesordnung.

Bei Sonnenuntergang stellen die Moscheen Wasser und Essen für die Armen auf die Straße; Flaggen oder Ballons machen darauf aufmerksam. Manche Wohlhabende tun das auch. Besonders bei Politikern vor einer Wahl ist es eine beliebte Geste. Als Kinder zogen wir nach Sonnenuntergang mit wunderschön verzierten Laternen, *fanoos,* durch die Straßen und sangen Lieder, die zum Ramadan gehören. Im Fernsehen liefen um diese Zeit Sendungen, die dazu aufriefen, das Fasten einzuhalten und sich treu zum Glauben zu halten. Das Fastenbrechen nach Sonnenuntergang war jedes Mal ein Fest. Wir Ägypter lieben es, am Ende eines Fastentages besonders leckere Speisen zu genießen. Dann gibt es Crêpes mit Obst- oder Fleischfüllung, Baklava, Honig, Mandeln, Haselnüsse, getrocknete Feigen und Aprikosen. Das Ende des Ramadan wird mit dem dreitägigen Id al-Fitr-Fest begangen. Es ist das islamische Fest, das dem christlichen Weihnachten am nächsten kommt. Wir haben es immer mit der ganzen Großfamilie und einem üppigen Festessen gefeiert.

Mein Vater ist nie nach Mekka gepilgert. Ich weiß nicht, ob er das je bedauert hat. Es heißt, dass der Hadsch, die Pilgerfahrt, Tausende von Sünden tilgt.[2] Die Pilgerfahrt ist eine weitere der fünf Säulen des Islam; die vier anderen sind: das Glaubensbekenntnis „Es gibt keinen Gott außer Allah und Mohammed ist sein Prophet", das Almosengeben, das fünfmalige Gebet am Tag, das Fasten während des Ramadan. Jeder Muslim, dem das möglich ist, versucht, einmal im Leben die Pilgerfahrt nach Mekka zu machen.

Der Hadsch ist ein jährliches Großereignis, an dem Millionen Muslime teilnehmen. Die Pilger wiederholen damit die Reise Mohammeds und versammeln sich zum Gebet um die Kaaba, von der es heißt, dass sie von Abraham und Ismael erbaut worden sei (Sure 2:127).[3] Die Pilger wandern unter Gebet siebenmal gegen den Uhrzeigersinn um die Kaaba. Wenn möglich, küssen sie den schwarzen Stein im Zentrum; aber wenn die Menge zu groß ist, heben sie nur bei jeder Umkreisung ehrerbietig die rechte Hand. Die Pilger wiederholen symbolisch auch Hagars verzweifelte Suche nach Wasser und sie bewerfen einen Ort, von dem es heißt, dass dort der Satan gewohnt habe, mit Steinen – eine symbolische Steinigung des Teufels.

Muslime glauben, dass durch den Hadsch alle bisherigen Sünden getilgt werden; jeder Pilger kommt also mit einem völlig reinen Gewissen zurück.[4] Aber auch das ist noch keine Eintrittskarte ins Paradies oder eine endgültige Garantie dafür, beim Jüngsten Gericht bestehen zu können, denn natürlich kann man jeden Augenblick wieder sündigen, sobald die Pilgerfahrt vorbei ist. Die einzige Garantie, ins Paradies zu kommen, die es im Islam gibt, ist der Märtyrertod.

In Algerien erzählt man sich folgende Geschichte: Ein arabischer Kater ging auf die Pilgerfahrt nach Mekka. Als er zurückkam, lud er alle seine Freunde ein, einschließlich der Mäuse, um seine Pilgerfahrt und die Befreiung von allen Sünden zu feiern. Eine alte Maus weigerte sich zu erscheinen; sie traute dem Kater nicht über den Weg. Alle anderen Mäuse folgten der Einladung. Das Fest nahm seinen Lauf, die Musik spielte und der Kater erzählte begeistert von seinen wunderbaren Erfahrungen auf dem Hadsch, die ihn völlig verändert hätten. Dann fing er die Mäuse und verspeiste sie. Die alte Maus, die nicht gekommen war, sagte nur: „Kater bleibt Kater, Hadsch hin, Hadsch her." Was die

Geschichte besagt? Selbst wer in Mekka war, kann nicht sicher sein, dass ihn das wirklich verändert oder ihm das Paradies erkauft hat.

Muslime glauben, dass es Ismael war, der Sohn, den Abraham mit Hagar hatte, den Gott von Abraham als Opfer forderte.[5] Ein Engel hält Abraham davon ab, das Opfer zu vollziehen, und er opfert stattdessen einen Widder, der sich im Gebüsch verfangen hat. Auch dieses Ereignis wird während dem Hadsch nachvollzogen: Man schlachtet ein Lamm, singt Loblieder auf Allah und bei der Rückkehr erhalten Familie und Freunde Geschenke.

Dann kam der Tag in meiner Kindheit, der sich mir unauslöschlich ins Gedächtnis eingebrannt hat: Mein Vater war für die Ferien aus Libyen zurückgekommen und hatte sich für ein Schläfchen hingelegt. Ich ging zu ihm, um mit ihm zu spielen, da fiel mir auf, dass seine Bauchdecke sich nicht bewegte. Ich sagte meiner Mutter und meinen Brüdern Bescheid, aber sie glaubten mir nicht. Ich blieb dabei. Schließlich kam meine Mutter nachsehen und stellte fest, dass mein Vater tot war. Ohne irgendein warnendes Vorzeichen hatte er einen Hirnschlag erlitten. Mein Vater war zweiundfünfzig und ich war elf Jahre alt.

„Oh, Baba, Baba", weinte ich. „Wie kannst du uns verlassen?" Ich war verzweifelt. Bis heute trauere ich um diesen frühen Verlust meines Vaters. Mit elf Jahren konnte ich noch nicht begreifen, wie der Tod so plötzlich zuschlagen konnte. Ich hatte einen wundervollen Vater verloren, einen Mann, der mich umsorgt, verwöhnt und mir Liebe und Zuneigung geschenkt hatte. Die Liebe meines Vaters ließ sich durch nichts ersetzen, obwohl meine Familie sich alle Mühe gab.

In Ägypten gibt es keine staatliche Unterstützung für Witwen; es ist die Familie, die dann einspringt. Besonders Onkel Sai'id kümmerte sich um uns. Beim Fastenbrechen am Ende des Ramadans gab er uns immer Geld oder kaufte uns neue Kleidung.

Ich war ein Stadtkind, aber meine Cousins mütterlicherseits lebten auf dem Land. Um genau zu sein, bestand ein halbes Dorf südlich von Kairo am Nil aus Verwandten meiner Mutter.

Ein Onkel lebte dort mit den Familien seiner beiden Söhne in einem dreistöckigen Haus. Gegenüber wohnten seine Cousins. Abends trafen sich alle Frauen der Sippe und kochten für die ganze Großfamilie. So war es damals in den meisten Dörfern in Ägypten – und ist zum Teil bis heute so.

Ich wusste nichts von Tieren oder von Landwirtschaft, aber ich verbrachte den Sommer meist bei meinen Cousins. Wir ritten auf dem Esel und spielten auf dem Bauernhof. Einmal machte ich den Fehler, mich hinter ein Maultier zu stellen, das in seiner Box angebunden war. Es schlug aus und traf mich so heftig, dass ich ans andere Ende des Stalles flog. Meine Rippen waren arg geprellt. Meine „mitfühlenden" Cousins konnten sich vor Lachen nicht halten. „Wie kann man nur so blöd sein und sich hinter ein Maultier stellen!"

Einer meiner Cousins war genauso alt wie ich und wir waren wie Brüder füreinander. Während der Ernte sollten wir einmal nachts auf dem Feld bleiben und Wache halten. Scheunen gab es nicht und wir sollten die Ernte vor Dieben schützen. Also verbrachten wir die Nacht auf dem Feld bei Haufen von Gurken, Melonen, Paprika und so weiter. Um uns für unsere Nachtwache aufzumuntern, tranken wir „Teertee", der genauso aussah, wie der Name sagt. Das Gebräu hatte stundenlang vor sich hin geköchelt. Um es erträglich zu machen, süßten wir das Gemisch mit löffelweise Zucker. Ich vermute, der Koffein- und Zuckergehalt dieses Aufmunterungstrankes ließe die Energiedrinks von heute ziemlich blass aussehen. Wir lagen zwischen den Gemüsebergen und warteten auf den Laster, der am Morgen die Ernte abtransportieren sollte.

Für meinen Cousin und mich war das ganze Dorf ein Spielplatz. Es wohnten ja fast überall Verwandte. Aber unsere Geschichte fand ein dramatisches Ende. Ich war nach den Ferien bereits wieder in Kairo. Mein Cousin spielte am Dorfbrunnen – dabei stürzte er hinein. Er ertrank – er war erst elf Jahre alt. Ich war untröstlich. Ich wusste nicht, wie ich meinen Kummer ausdrücken sollte. Innerhalb eines Jahres hatte ich die beiden Menschen verloren, die mir am nächsten standen. Meine Mutter versuchte, mich zu trösten, aber meine Trauer und mein Schmerz waren so groß, dass es schier unerträglich war.

Meine Familie ließ mich weder zur Beerdigung meines Cousins noch zu der meines Vaters mitkommen. Vielleicht dachten sie, ich sei zu jung für ein solches Erlebnis. Aber mir fehlte die Erfahrung mitzuerleben, dass sie bestattet wurden. Noch Jahre später verfolgten sie mich im Traum. Vielleicht würde mein Vater ja doch bald aus Libyen zurückkommen, vielleicht stünde mein Cousin gleich vor der Tür und würde mich zum Spielen herausrufen.

Erst Jahre später, als ein Freund unserer Familie starb, erfuhr ich, wie eine muslimische Beerdigung vor sich geht. Männer und Frauen versammeln sich getrennt. Die Frauen stimmen die Totenklage an. Es ist ein lautes Gejammer und Klagen, das einem die Tränen in die Augen treibt, selbst wenn man den Verstorbenen gar nicht gekannt hat. Sie ziehen zum Haus der Witwe, bringen Datteln und Süßigkeiten mit und versuchen, ihr Trost zu spenden. Die Witwe stimmt in den Klagegesang ein: „Oh, mein Liebster, warum verlässt du mich? Was tue ich nur ohne dich?"

Inzwischen bauen die Männer ein Zelt für die Beerdigungszeremonie auf – manchmal direkt vor dem Haus auf der Straße oder auf einer Ecke des Grundstücks. Die männlichen Verwandten des Verstorbenen setzen sich in einem Kreis ins Zelt. Die anderen Männer des Dorfes kommen hinzu, begrüßen jeden Angehörigen einzeln und deklamieren, was für ein guter Muslim der Verstorbene gewesen sei. Ein Imam mit kräftiger Stimme rezitiert den ganzen Abend Koranverse. Heute geschieht das meist per Mikrofon, sodass die ganze Nachbarschaft mithören kann.

Die eigentliche Beerdigung muss innerhalb von vierundzwanzig Stunden nach dem Tod stattfinden, denn auch der Prophet Mohammed wurde innerhalb von vierundzwanzig Stunden beigesetzt.[6] Der Leichnam wird nicht einbalsamiert, sondern in ein Leichentuch gehüllt und dann in die Erde gelegt, und zwar auf die rechte Seite, damit die guten Taten angemessen ins Gewicht fallen.[7] Der Leichnam liegt Richtung Mekka, wohin man bei der Auferstehung schauen soll. Nach der Bestattung folgen drei Trauertage für alle und eine Trauerzeit von vier Monaten und zehn Tagen für die Witwe. In dieser Zeit soll sie keinen Schmuck oder aufwendige Kleidung tragen, das Haus nicht verlassen und natürlich nicht wieder heiraten.

Nach dem Tod meines Vaters war ich häufig zu Hause bei meiner Mutter, und so lernte ich vieles, was man im Haushalt braucht – was für einen ägyptischen Mann ziemlich untypisch ist. Meine Mutter hatte selbst die Schule nur bis zur sechsten Klasse besucht, aber sie hielt ihre Kinder immer zum Lernen an. Sie las Zeitung, sah die Nachrichten und hatte eine eigene politische Meinung – was damals für eine Frau in Ägypten sehr ungewöhnlich war. Außerdem notierte sie sich gern Sprichwörter und Redensarten, mit denen sie uns dann häufig unterhielt. Einige weiß ich noch: „In den Augen seiner Mutter sieht das Affenbaby aus wie eine Gazelle" oder: „Die Tür des Tischlers klemmt immer". Ich weiß auch noch, dass ich Koranverse auswendig lernen musste – wie jedes muslimische Kind. Wenn ich nachlässig war oder herumtrödelte, statt zu lernen, gab meine Mutter mir einen Klaps mit ihrem Pantoffel. Sie sorgte dafür, dass wir alle in der Schule vorankamen und eine gute Bildung erhielten.

2
Behütete Jugend
in einer arabischen Familie

Als Kind war ich überall beliebt. Ich war klein, kontaktfreudig, sehr gesprächig und in der ganzen Nachbarschaft bekannt. Ich redete mit jedem, den ich traf – mit den Ladenbesitzern, den Leuten von der Müllabfuhr, dem Tischler, dem Bäcker, den

Nachbarn. Jeden Tag machte ich in der Nachbarschaft meine Runde. Alle kannten mich mit Namen und meine Geschwister hießen bei den meisten meiner Bekannten „der Bruder/die Schwester von Abu". Meine Mutter klagte, dass ich in der ganzen Stadt unsere Familienangelegenheiten ausplauderte, und vermutlich stimmte das auch.

Manchmal verschwand ich einfach in die Nachbarschaft, ohne Bescheid zu sagen, wo ich war. Meine Mutter fuhr dann regelmäßig aus der Haut. Zu Hause hieß ich außerdem auch „der Zerstörer" – ich zerlegte alles, was mir in die Finger kam. Nur in den seltensten Fällen konnte ich es wieder zusammenbauen. Ich nahm jedes Spielzeug auseinander, nur um zu sehen, wie es funktionierte.

Ich war bei den Pfadfindern und ich liebte meine Zeit im Klub. Seit die Engländer den Klub in Ägypten gegründet hatten, kleideten wir uns wie die Pfadfinder in England. Wir hatten Halstücher und Kappen und verdienten uns unsere Abzeichen. Außerdem spielte ich Saxofon in der Schulband; ich besuchte eine der besten Schulen in Kairo. In der Mittelstufe war ich ein guter Schüler. Einmal gab ich das beste Biologieheft der Schule ab. Es war sehr künstlerisch gestaltet, was sicher auf den Einfluss meines Vaters zurückging. Zu einigen Lehrern hatte ich gute Beziehungen, vor allem zu einem jungen Lehrer. Er war nur ein Jahr an unserer Schule, aber wir liebten ihn alle. Noch heute habe ich ein Bild von ihm.

Während des Krieges 1967 wurde ich zum Zivilschutzhelfer ausgebildet. Ich musste lernen, was zu tun war, falls die Israelis uns in ihren Phantomjets aus den USA bombardierten. Ich sah, wie Hubschrauber Verletzte in das nahe gelegene Militärkrankenhaus flogen. Bis heute zucke ich zusammen, wenn es donnert; die Angst vor den Bomben sitzt mir noch immer im Nacken.

Wie die meisten muslimischen Jungen wurde ich mit zwölf Jahren beschnitten. Es gab eine Party für mich, ähnlich wie die Bar-Mizwa bei den Juden. Zu dieser Feier gehört das Lied „Oh, mein kleiner Prinz":

„Oh, du kleiner Bursche,
es tut jetzt ein bisschen weh,
aber sterben wirst du nicht davon.
Zieh dich um und mach dich fein,
bald gibt es eine gute Hühnersuppe."

Die Familie singt dieses Lied, tanzt im Kreis um den Jungen herum und schlägt mit einem Schlegel an eine Kupferschale. Anders als die Bar-Mizwa hat dieses Ritual allerdings keine eigene religiöse Bedeutung.

In der Highschool erlebte ich meine erste Liebe. Meine Angebetete war eine Schönheit, sie war ebenso wie ihre Schwestern in Frankreich zur Schule gegangen und von der französischen Kultur geprägt. Sie war meine Cousine, die Tochter meines Onkels Sai'id, und in Frankreich aufgewachsen, während er an der Sorbonne seinen Doktor gemacht hatte.

Nach der Rückkehr der Familie nach Ägypten besuchten die Töchter eine französische Privatschule in Ägypten. Onkel Sai'id besaß französische Gemälde. Dieser ganze französische Einfluss machte mich argwöhnisch – hatte sie vielleicht was mit französischen Männern gehabt? Wie die meisten ägyptischen Männer war ich keine Jungfrau. Aber an dem scheinheiligen Grundsatz, dass eine Frau selbstverständlich jungfräulich in die Ehe geht, hielt ich eisern fest. Jedenfalls verliebte ich mich in diese Cousine, trotz meines Misstrauens. Um ihre Aufmerksamkeit oder ihr Mitleid zu gewinnen, machte ich einen pathetischen Selbstmordversuch mit einer Überdosis Aspirin. Ich hatte überhaupt nicht vor, tatsächlich dabei zu sterben; ich nahm die Pillen und rief einen Freund an, damit er mich ins Krankenhaus brachte. Meine Cousine war nicht beeindruckt; ihre Zurückweisung hat mich hart getroffen.

Nachdem ich Christ geworden war, äußerte mein Bruder Moustafa in einem Brief einmal die Vermutung, dass ich vielleicht nur deswegen Christ geworden war, weil ich mich über die Zurückweisung durch dieses Mädchen hinwegtrösten musste. Schließlich hätte ich ja auch schon immer eine Vorliebe für alles

Ausländische gehabt und wäre deshalb auch auf das Christliche hereingefallen. Ich will nicht leugnen, dass das alles mit eine Rolle gespielt haben kann; aber es waren sicher nicht die ausschlaggebenden Gründe. Was Moustafa anscheinend überhaupt nicht bedacht hatte, ist, dass der christliche Glaube schlicht wahr sein könnte.

Dass man sich in eine Cousine verliebt und sie auch heiratet, ist in den meisten arabischen Ländern weitverbreitet. Araber wollen das Erbe und die Traditionen in der Familie bewahren, deshalb ist die Tochter des Bruders deines Vaters die ideale Partnerin. Meine Familie hat daher meine romantische Schwärmerei für dieses Mädchen durchaus unterstützt und war ebenso enttäuscht, als nichts daraus wurde. Später hat mein Bruder Yasser ihre ältere Schwester geheiratet und damit in der ganzen Familie große Freude ausgelöst.

Wenn keine Cousine väterlicherseits zur Verfügung steht, ist die nächstbeste Kandidatin eine Tochter des Bruders deiner Mutter, und so geht es weiter in der absteigenden Verwandtschaftslinie. Das mag zwar ein paar genetische Probleme mit sich bringen, aber es hat auch seine guten Seiten. Die Kinder sind in der Regel zusammen groß geworden; sie kennen sich und auch die Familie des anderen gut. Und vielleicht gibt es auch aus diesem Grund unter Ägyptern weit weniger Scheidungen als etwa bei Amerikanern.

Nach islamischem Recht bekommen Söhne als Erbe einen vollen Anteil, Töchter einen halben. Das bedeutet, dass ein Paar, das heiratet, von den Eltern anderthalb Anteile des Erbes erhält. Allerdings muss der Mann der Familie des Mädchens einen Brautpreis zahlen. Wenn man innerhalb der Familie heiratet, bleibt das Erbe, meist Landbesitz, in der Familie. Die Praxis ist ganz ähnlich wie im alten Israel. Ich selbst habe durch meine Konversion jeden Anspruch auf mein Erbe verloren; es ist verboten, dass Christen das Erbe eines Muslims bekommen. Wenn ich heute meinen Anteil beanspruchen würde, würden meine Schwägerinnen protestieren: „Er ist abgefallen! Er kann nicht das Erbe eines Muslims erhalten."

Yasser war ein brillanter Student. Nach dem College studierte er Zahnmedizin und ging dann als Zahnarzt zur Armee. Anschließend wurde er Brigadegeneral bei der Polizei. Karriere über die Armee oder die Polizei zu machen, ist in Ägypten sehr verbreitet. Beide Institutionen sind finanzkräftig und betreiben Firmen und Krankenhäuser im ganzen Land. Wie die Welt im Februar 2011 und beim Putsch von 2013 beobachten konnte, wird das Militär in Ägypten hoch respektiert – und sehr gefürchtet.

Yasser hat nicht nur in Ägypten, sondern auch in England studiert. Dort hat er auch seinen Doktortitel erworben. Er hat sogar eine bahnbrechende Entdeckung in der CMD-Forschung gemacht.[8] Aber zeitweise hatte er emotionale und psychische Probleme. Meine Mutter tat alles, was sie konnte, um ihm zu helfen. Sie brachte ihn zum Arzt, dann zu einem Psychologen. Sie hat in der koptischen Kirche eine Kerze für ihn angezündet[9] und sogar auf den islamischen Volksglauben zurückgegriffen: ein Amulett unter dem Kopfkissen. Vielleicht hatte ja jemand meinen Bruder verflucht, etwa aus Neid? Das Amulett enthielt das Ohr eines Wolfs und einige Koranverse, die im Volksglauben gegen Verfluchungen durch neidische Nachbarn wirken und glückliche Familien davor schützen sollen. Sie stammen aus den beiden letzten Suren des Korans (*Al Falaq* – Die Morgendämmerung und *An-Nas* – Die Menschheit). Mohammed selbst hatte die Sorge, jemand hätte einen Fluch auf ihn gelegt; er war zweifellos erleichtert, als die Visionen dieser beiden Suren ihm ein Gegenmittel lieferten. In muslimischen Häusern oder Geschäften findet man diese Verse häufig, so wie bei Christen etwa den Spruch: „Ich aber und mein Haus wollen dem Herrn dienen."

Das ist bei Weitem nicht die einzige magische Praxis im Volksislam. Der arabische Kaffee etwa ist in der ganzen Welt berühmt für seinen Geschmack. Aber in der arabischen Welt ist er außerdem auch als Mittel der Zukunftsschau verbreitet. Wahrsager lesen die Zukunft aus dem Kaffeesatz. In unserer Nachbarschaft gab es einen professionellen Wahrsager. Für eine

Prophezeiung anhand von Kaffeesatz verlangte er 500 ägyptische Pfund – ein kleines Vermögen. Aber aus dem ganzen Land kamen die Leute zu ihm. Wenn etwa jemand heiraten wollte, bat er diesen Nachbarn, „aus der Tasse zu lesen", ob der Zeitpunkt und auch der Partner günstig wären. Der Volksislam ist genauso weitverbreitet wie der orthodoxe Islam, sehr zum Leidwesen der meisten Imame und islamischen Theologen.

Meine Schwester Azieza hat Landwirtschaft studiert und später als landwirtschaftliche Beraterin für die Weltbank im Jemen gearbeitet und Frauen beraten, wie sie bessere Erträge auf ihren Feldern erwirtschaften können. Während Frauen in Ägypten gute Chancen im Blick auf Bildung und Karriere haben, ist das im Jemen überhaupt nicht der Fall. Meine Schwester zog sich den Unmut der jemenitischen Männer zu, weil sie den Frauen dort zu ein wenig mehr Unabhängigkeit verholfen hat. Für die Männer stellte das eine Bedrohung dar.

In Ägypten geht man als Paar nicht zusammen aus. Wenn zwei passende Singles miteinander Zeit verbringen, wird allgemein davon ausgegangen, dass man auf eine Heirat zusteuert. Wie in den meisten muslimischen Ländern kann eine Frau in Ägypten sich nicht einfach allein mit einem möglichen Ehepartner treffen. Wenn uns der Bruder meiner Mutter besuchte, konnte sie oder meine Schwester ihn hereinbitten, ohne sich verschleiern zu müssen – er war ja kein möglicher Heiratskandidat. Wenn dagegen irgendein Mann vorbeikam, der als Ehepartner infrage kommen könnte, und zwar ohne Vorankündigung (was meistens der Fall war), mussten meine Mutter und meine Schwester sich rasch verschleiern und ein männliches Familienmitglied bitten, bei der Begegnung dabei zu sein.

Wenn meine Schwester Azieza mit ihrem Verlobten ausging, wurde ich daher oft als Eskorte (oder Spion) mitgeschickt. Mir war es eigentlich egal, ob meine Schwester mit ihrem Verlobten allein ausging, aber ich musste das Spiel mitspielen. Und wir wussten alle, dass es ein Spiel war. Nachdem sie schon ein Weilchen verlobt waren, verliefen unsere Ausflüge oft so: „Abu, warum läufst du nicht schon vor und besorgst uns ein Eis? Aber nicht im nächsten Laden – du weißt schon, das beste Eis gibt es in der Suleiman Street. Kauf dir selbst auch eins. Kein Grund zur Eile." Wir wussten, es war ein Gesellschaftsspiel, aber ein notwendiges – und Spaß machte es auch.

Mein zweiter Bruder Moustafa wurde Ingenieur – und außerdem Sozialist. Während seines Ingenieursstudiums in Kairo schloss er sich den Protesten gegen Präsident Anwar el-Sadat an, was ihn ins Gefängnis brachte. Er war schon immer jemand, der die Dinge gern für sich behielt, und ich erfahre heute erst manches, worin er in seiner Jugend verwickelt war. Er ist ein Mann mit Prinzipien, hochgebildet, und er folgt seinen Überzeugungen.

Ich war tief verwurzelt in meiner Familie, meinem Dorf, meiner Religion und meinem Land. Als jüngstes Kind einer wohlhabenden Familie hatte ich die besten Aussichten. Obwohl ich meinen Vater schon früh verloren hatte, wuchs ich mit vielen Privilegien auf, jedenfalls im Vergleich zu den meisten Ägyptern. Ich war nie hungrig, ich erhielt eine exzellente Ausbildung und ich hatte eine Familie, die mich liebte. Ich lebte nach den Regeln meiner Religion und meiner Kultur. Deshalb war es für alle – mich selbst eingeschlossen – eine große Überraschung, dass ich Christ wurde.

3

Unerwartete Begegnung

In meinem letzten Jahr auf der Highschool schloss sich mein bester Freund Abd al-Rahman der konservativen Muslimbruderschaft an, die Ägypten zu einem islamischen Staat machen, das Scharia-Gesetz einführen und wieder einen Kalifen als Staatsoberhaupt installieren will.[10] Der Vater meines Freundes,

Muhammad Abd al-Rahman, war der beste Schneider in ganz Kairo und selbst ein eleganter Herr. Er hatte viele Kunden von Rang und Namen, unter anderem auch Uum Kulthum, die damals bekannteste Sängerin in der arabischen Welt. Wenn sie in den Laden kam, versteckte ich mich manchmal hinter den Kleidern, um einen Blick auf sie ergattern zu können. Das war aufregend und ich konnte vor meinen Freunden damit angeben. Viele junge Männer – und die alten erst recht – konnten nur davon träumen, dieser Frau so nahe zu kommen.

Weil ich mich mit der al-Rahman-Familie gut stellen wollte, trat ich ebenfalls der Muslimbruderschaft bei. Ein weiteres Motiv dafür war die Hoffnung, dass Allah diesen Schritt belohnen und mir einen so guten Schulabschluss schenken würde, dass ich die Universität besuchen könnte. Mein Beitritt zu den Muslimbrüdern war weder ein nur formaler noch ein religiös bedeutsamer Akt; ich übernahm einfach ihre Lebensweise und orientierte mich an meinem Freund und seinem Vater.

Der Beitritt zur Muslimbruderschaft bedeutete für Muhammad Abd al-Rahman, dass er nicht länger Damenschneider sein konnte, denn diese Tätigkeit machte es erforderlich, dass er Frauen berührte, wenn er für ein neues Kleidungsstück Maß nahm. Er wurde Lebensmittelhändler – leider erfolglos – und im Lauf der Zeit zu einem verbitterten Mann. Die Lebensweise der Bruderschaft sah auch vor, dass seine Frau nicht mehr verhüten durfte und den *Hidschab,* den Kopfschleier, tragen musste. In acht Jahren brachte sie fünf Kinder zur Welt. Muhammad begann, Frau und Kinder zu schlagen, auch mein Freund Abd bekam das zu spüren. Die ganze Familie war früher wohlhabend und glücklich gewesen; nach dem Beitritt zur Bruderschaft verarmte sie und geriet ins Unglück.

Mitte der Siebzigerjahre radikalisierte die Muslimbruderschaft sich weiter. Sie unterwanderte viele Gewerkschaften, darunter auch die Studentenvereinigung an der Universität Kairo. Wer für die Studentenvereinigung kandidieren wollte und nicht Mitglied der Bruderschaft war, erhielt Todesdrohungen. Die Muslimbrüder setzten die Trennung von Männern und Frauen in Seminaren und Vorlesungen durch. Wer es wagte, Widerstand zu leisten, riskierte, erstochen zu werden. Das war mir zu viel. Ich verließ die Bruderschaft so rasch und so unbemerkt, wie ich ihr beigetreten war.

Wie mein Vater wollte ich Kunst studieren. Aber als mein Onkel Sai'id und mein Bruder Yasser das hörten, versuchten sie, mich davon abzubringen. Als Künstler würde ich ein Hungerleider werden, sagten sie, und vermutlich hatten sie recht. Mein Notendurchschnitt reichte allerdings weder für ein Medizinstudium (wie bei Yasser) noch für eine Ingenieurslaufbahn (wie bei Moustafa). Also schrieb ich mich an der Uni Kairo für Betriebswirtschaft und Rechnungswesen ein. Wie die meisten anderen Studenten wohnte ich zu Hause und fuhr mit der Fähre über den Nil zu meinen Veranstaltungen.

In unserer Nachbarschaft wohnten einige Leute, die zum diplomatischen Korps von Ägypten gehörten, und meine Familie hatte die Weichen dafür gestellt, dass ich nach dem College in den Staatsdienst gehen sollte. Das war naheliegend. Wenn das Sprichwort „Es kommt nicht darauf an, was du weißt, sondern wen du kennst" im Westen zutrifft, dann ist es im Nahen Osten mindestens doppelt so wahr. Und das gilt bei uns auch nicht als verwerflich. Im Gegenteil: Unmoralisch und unklug wäre es, Freunden und Verwandten nicht zu helfen. Diese Beziehungen bedeuten alles. Beziehungen zu pflegen und sie auch zu nutzen war mindestens ebenso wichtig, wie einen guten Abschluss zu machen. Ich studierte neben Betriebswirtschaft auch noch Englisch, weil mir das helfen würde, vielleicht einen Posten im Ausland zu bekommen.

Ich erinnere mich an einen Vorfall in der Cafeteria an der Uni. Ein Mitglied der Muslimbrüder ging auf eine junge Frau zu, die Christin war. Ihn erkannte ich als Mitglied der Bruderschaft an seinem Vollbart, der charakteristischen Kopfbedeckung und dem knöchellangen Gewand. Sie war koptische Christin und trug ein Kreuz an einer Halskette. Er riss ihr die Kette ab, spuckte sie an und zertrat das Kreuz mit dem Absatz. Dann schlug er sie ins Gesicht und schrie: „Du Ungläubige, auf dich wartet die Hölle."

Man kann sich vielleicht vorstellen, was das für einen Eindruck auf mich und die anderen Studenten machte. Wir waren alle Muslime, aber in Ägypten haben wir über Jahrhunderte gelernt, die Kopten zu tolerieren. Ägypten war schließlich einmal ein christliches Land; Alexandria war ein Zentrum des Christentums gewesen, bevor die Araber kamen. Was passierte hier? Was veranlasste diese Muslimbrüder zu solchen Aktionen? Es kam sogar vor, dass christliche Professoren von Muslimbrüdern zusammengeschlagen wurden, weil die den Gedanken nicht ertragen konnten, dass ein Ungläubiger einem Muslim etwas zu sagen haben sollte.[11]

Unter Muslimen gibt es ein Sprichwort: „Der Islam ist vollkommen; nur seine Umsetzung ist oft fehlerhaft." Diese Fehler in der Umsetzung sah ich am Schicksal von Muhammad Abd al-Rahman ebenso deutlich wie am Verhalten der Muslimbrüder an der Universität Kairo.

Unser Wohnviertel war ziemlich international. Viele Europäer wohnten dort, darunter auch ein deutscher Ingenieur, der einen Sohn in meinem Alter hatte. Der Junge, Jansi, war Atheist, ebenso wie sein Vater, der während des Zweiten Weltkriegs aufgewachsen war und jeden Glauben an Gott verloren hatte. Jansi war außerdem ein Casanova, wie er im Buche steht. Er war scharf auf ägyptische Frauen und darunter vor allem auf christliche Mädchen, die als eleganter und weltgewandter galten als die oft schlichten, unberührten muslimischen Mädchen. Nicht selten sprachen die christlichen Mädchen auch Englisch oder Französisch und hielten sich nicht an die strengen Regeln im Blick auf Begegnungen zwischen Männern und Frauen. Für meine muslimischen Mitstudenten war es zum Beispiel völlig in Ordnung, erst einmal mit christlichen Mädchen ihren Spaß zu haben und später eine gute muslimische Frau zu heiraten.

Jansi nahm mich mit zu einem Treffen, bei dem auch einige dieser christlichen Mädchen sein sollten. Meine Enttäuschung war groß, als ich feststellte, dass sich hier Christen trafen, um in der Bibel zu lesen und zu beten. Die Frauen waren nicht verschleiert und beteiligten sich ungezwungen am Gespräch. Sie bewegten sich ganz unbefangen unter den jungen Männern, die das ebenfalls ganz normal zu finden schienen. *Wie können sie nur!*, dachte ich. Aber es geschah nichts, das irgendwie anrüchig gewesen wäre. Männer und Frauen behandelten einander, als seien sie Brüder und Schwestern, und nicht wie die Figuren in irgendeiner westlichen Seifenoper, wie ich erwartet hatte. Später erfuhr ich, dass sie ebenso überrascht gewesen waren, dass ich dort auftauchte, wie ich von dieser Form des Miteinanders.

Während der Gebetszeit dankte jemand Gott dafür, dass er ihm bei einer Hausarbeit für die Uni geholfen hatte. „Was für ein Schwachsinn!", dachte ich. Warum sollte der Herrscher über das Universum sich für meine Hausaufgaben interessieren? Allah ist der Herrscher, wir sind seine Sklaven. Islam bedeutet „Unterwerfung"; die oberste Pflicht eines Muslims ist es, sich dem Willen Allahs zu unterwerfen, statt zu versuchen, ihn zu beeinflussen. Der Diener tut alles, was der Herr will, keinesfalls umgekehrt. Und Gott als Vater anzusprechen, war nicht nur seltsam; es war gotteslästerlich. Wie könnten wir es wagen, Gott auf unsere Ebene herabzuziehen und ihm irdische Titel zu verleihen?

Auch die Weise, wie bei dieser Gebetsrunde zu Gott gesprochen wurde, erschien mir völlig verfehlt. Im Islam sind Gebetsworte vorgegeben und folgen einem bestimmten Ablauf. Meist sind es Texte aus dem Koran, die man auswendig kann. Wir kennen die Worte im Voraus und wir wiederholen sie fünfmal am Tag, wenn der Muezzin zum Gebet ruft. Vielleicht fügen wir am Ende des formellen Gebets *(Du'a)* noch ein paar persönliche Anliegen hinzu, aber wir würden nie einfach das beten, was uns gerade durch den Kopf geht. Die Rezitation der Gebetsworte gilt als gute Tat, durch die ein Muslim sich Verdienste erwirbt. Aber diese Christen redeten mit Gott wie mit einem guten Freund.

Allah verlangt Unterwerfung und Gehorsam; der Gott der Christen bittet um unsere Liebe. Im Koran gibt es 99 Namen für Gott, die Muslime häufig rezitieren. Einer dieser Namen, *Al-Wadud,* wird manchmal mit „liebender Gott" übersetzt.[12] Eine exaktere Übersetzung für *Al-Wadud* würde lauten: „der anteilnehmende oder freundliche Gott, der uns besucht". Das arabische Wort für Liebe, *mahaba,* ist kein Name für Allah und auch *Al-Wadud* ist ja nur einer von 99 anderen Namen.

Der Koran sagt nichts über das Wesen Allahs, nur über seinen Willen. Deshalb wird kaum ein Muslim sagen, er kenne Allah. Was er kennt, ist der Wille Allahs, seine Forderungen. Der erste Johannesbrief dagegen sagt, wie ich bald erfahren sollte, schlicht und einfach: „Gott ist Liebe." Der Unterschied zwischen dem christlichen Gott der Liebe und dem muslimischen Gott, der für Gesetz und Gerechtigkeit steht, sollte mein Leben verändern. Als ich zum ersten Mal das Kinderlied „Jesus liebt mich ganz gewiss" hörte, war das für mich eine verblüffende Offenbarung. Gott liebt mich? Wirklich eine seltsame Vorstellung.

Ein paar Wochen später kam ich in eine Situation, in der ich die spontane Gebetsweise der Christen unwillkürlich ausprobierte. Am Donnerstagabend machten ein paar Freunde und ich regelmäßig Autorennen in der nahen Wüstenlandschaft. Eines Abends fuhr ich im Auto eines Freundes mit, wir kamen von der Piste ab, blieben im Sand stecken und der Motor wollte nicht wieder anspringen. *Okay,* dachte ich, *versuch ich's doch mal mit einem christlichen Gebet. Bitte, Jesus, hol uns hier raus!* Wrrrrrommm! Der Motor sprang an und wenig später kam auch noch ein LKW vorbei, der uns aus dem Sand zog. Tja, das musste wohl ein Zufall gewesen sein. Mein Gebet war ja keineswegs auf Glauben gegründet; es war mehr so gewesen, wie wenn ein Spieler auf die Taste des Spielautomaten drückt. Ich hatte eben Glück gehabt und den Jackpot gewonnen.

Einige Zeit später waren wir wieder in der Wüste. Diesmal fuhr ich ein Motorrad, das mein deutscher Freund mir geliehen hatte. Ich genoss die Geschwindigkeit und raste über die Piste, bis ich die Kontrolle über die Maschine verlor. Ich sah mich schon stürzen und zerquetscht am Boden liegen. Okay. Genau die Gelegenheit, diese Gebetsweise noch einmal zu testen. *Jesus, hilf mir!*

Einen Augenblick später hatte ich das Motorrad wieder unter Kontrolle. Als Jansi mich eingeholt hatte, sagte er: „Diesmal hat Gott dich ganz sicher bewahrt."

„Was soll das heißen?", erwiderte ich. „Du als Atheist willst mir sagen, dass Gott seine Hand im Spiel hatte?" Nein, ich hatte zu Jesus gebetet, obwohl ich gar nicht glaubte, dass er Gott sei. Jedenfalls öffnete dieser Vorfall weiteren Zweifeln im Blick auf Gott die Tür.

Mein Bruder Yasser hatte früher einmal etwas mit einer jungen Armenierin, einer Christin, gehabt, die in Ägypten studierte. Sie hatte ihm eine arabische Bibel geschenkt, wohl in der Hoffnung, er würde darin lesen und vielleicht zum Glauben kommen. Aber Yasser hatte die Bibel in irgendeiner Schublade verstauben lassen. Irgendwann stieß ich zufällig (oder war es Fügung?) darauf und fing an, gelegentlich darin zu lesen. Kein Muslim, der seinen Glauben ernst nimmt, würde eine Bibel im Haus haben, das ist völlig undenkbar. Aber ich fühlte mich sicher. Falls jemand mich mit der Bibel überraschte, könnte ich ehrlich sagen, dass sie nicht mir gehörte – ich hatte sie zufällig gefunden.

Beim Lesen in der Bibel lernte ich sehr viel. Muslime glauben, dass der Koran die göttliche Offenbarung ist, die Mohammed in Visionen direkt von Allah erhalten hat. Die Bibel und die Thora seien frühe verfälschte Versionen dieser Offenbarung Gottes an Mohammed. Aber in mir regte sich bald der Verdacht, dass es umgekehrt sein könnte. Wenn ich in der Bibel las, stellte ich fest, dass Juden und Christen schon immer zu ihrem Gott gesprochen hatten wie zu einem liebenden Freund und Vater. Und ihre Gebete wurden beantwortet. Wenn sie beteten, sprachen sie nicht als zitternde Diener zu einem strengen Herrn, sondern wie ein Kind zu seinem Baba[13] oder manchmal auch zu Christus wie zu einem älteren Bruder. *Anders,* dachte ich. *Sehr, sehr anders.* Allah als Vater oder als Bruder anzureden, das wäre mir nie eingefallen.

Ich las weiter in der Bibel und beobachtete die Christen in der Gebetsgruppe und allmählich entdeckte ich, dass sich eine gemeinsame Botschaft durchzog. Diese Botschaft lautete: Jesus hat nicht nur die Wahrheit gesagt; Jesus *ist* die Wahrheit. Und diese Wahrheit war, dass er uns als ein Vater und Bruder liebt. Jesus war mehr als ein Prophet. Ein Prophet wie Mohammed mag die Wahrheit gesagt haben, aber um selbst die Wahrheit zu *sein*, musste Jesus mehr sein als ein Prophet.

Ich hatte eine Ahnung, dass ich eventuell doch Christ werden wollte. Meine Wissbegier führte mich in eine evangelische Gemeinde. Ich besuchte den Pastor und sagte ihm, ich wolle mich taufen lassen und Christ werden. Er entgegnete, ich sei zu jung und wisse nicht, was das bedeute. Er hatte recht. Damit begannen zwei Jahre, in denen ich viel lernte und nachdachte. Ich las Bücher über den christlichen Glauben, traf mich mit Christen und betete regelmäßig zu Gott in Christus.

Als eine Art Ausgleich zwischen meinem Vorankommen im christlichen Glauben und meinen muslimischen Überzeugungen kaufte ich mir auch Bücher auf Arabisch, die das Christentum kritisierten. Nach solchen Büchern musste ich nicht lange suchen; es gab sie dutzendweise. Sie besagten, ein Muslim müsse verrückt sein, wenn er zum christlichen Glauben überträte. Der Islam ist vollkommen und wahr, der Koran ist das Wort Gottes, das er Mohammed in Visionen direkt offenbart hat. Die Bibel dagegen korrumpiert den strengen Monotheismus Abrahams durch die Lehre von der Trinität und der Menschwerdung Gottes. Sie ist außerdem keineswegs so stringent wie die nahtlose Reihe von Visionen Mohammeds, sondern ein Sammelsurium von Briefen, Dichtung, Geschichtsberichten und so weiter. Die Christen waren Kreuzfahrer, unter denen die Muslime schwer gelitten haben. Westliche Gesellschaften sind moralisch verkommen. Mohammed war der letzte Prophet Gottes; er allein offenbart die letztgültige Wahrheit über Gott.

Der Koran sagt, alle Menschen sind bei ihrer Geburt von Natur aus gute Muslime; wer sich vom Islam ab- und dem Christentum zuwendet, muss von nicht muslimischen Eltern oder einer nicht muslimischen Gesellschaft verdorben worden sein. Umgekehrt: Bekehrt sich jemand vom Christentum zum Islam, dann kehrt er in seinen Ursprungszustand zurück (*Fitra* – Natur, natürliche Veranlagung, Schöpfung).[14] Ich wurde als Muslim geboren und gehörte damit automatisch zur Gemeinde Gottes (der *Umma*); ich hatte keine christlichen Eltern, die mich hätten korrumpieren können. Daher konnte niemand, auch ich selbst nicht, erklären, warum der christliche Glaube mir hätte anziehend erscheinen sollen. Umgekehrt haben Muslime seit Mohammeds Zeiten immer geglaubt, dass der Islam für Juden und Christen attraktiv sein müsste. Als Mohammed seine Visionen empfing, hat er Juden und Christen eingeladen, sich ihm anzuschließen – und er hat damit gerechnet, dass sie seine neue Gottesoffenbarung begierig annehmen würden. Dass das nicht geschah, hat ihn überrascht.

Wenn ich Christ wurde, würde das nicht nur einen Wechsel meiner Religion bedeuten. Es würde meine gesamte Identität verändern und meiner Familie Schande machen. Meine Familie ist muslimisch, meine Gesellschaft und meine Kultur sind muslimisch. Meine Religion war kein nachgeordneter Gedanke dazu, wie das Leben nach dem Tod aussehen könnte; es war ein ganzheitliches Verständnis davon, wie das Leben hier und jetzt gestaltet sein sollte. Die Luft, die ich mein Leben lang geatmet hatte, war islamisch.

Mich dem christlichen Glauben zuzuwenden, würde mein Leben völlig aus der Bahn werfen, und zwar für immer. Eine Position im diplomatischen Dienst oder an irgendwie übergeordneter Stelle in Ägypten konnte ich vergessen, wenn bekannt würde, dass ich Christ war. Muslimische Frauen würden mich als Ehepartner abschreiben. Meine Familie würde mich verstoßen. Vielleicht würde ich sogar als Spion gelten oder als ein Mensch, der sein Land, sein Volk und seine Religion verraten hatte. Ich könnte mein Leben verlieren – und zwar nicht nur im übertragenen, sondern im ganz realen Sinn. Wie konnte ich mein Land, meine Familie, meine Religion hinter mir lassen? Es würde bedeuten, dass ich nicht länger existierte. Ja, es wäre verrückt, wenn ich Christ würde. Ich müsste mit dem Tod rechnen. Und die Schande, die ich meiner Familie bereiten würde, wäre das Schlimmste, was ich als Araber meiner Familie antun konnte.

Aber meine inneren Konflikte dauerten an und stellten mich vor neue Fragen. Die hatten meistens mit dem Verhalten der Christen zu tun, die ich kennenlernte, das anders war als das der

Muslime, die ich lange kannte. „Nur eine verdorbene Orange gibt verdorbenen Saft", sagt ein arabisches Sprichwort. Wenn der christliche Glaube so korrupt war, warum waren die Christen, die ich kannte, dann so gut? Dieser Muslimbruder in der Uni-Cafeteria und Abd al-Rahmans Vater waren deutlich übler als die jungen Leute in der christlichen Gebetsgruppe. Wie konnte diese verdorbene Orange dem Christentum so guten Saft liefern, die gesunde Orange dem Islam jedoch verdorbenen Saft?

Immer noch ging ich gelegentlich zu der christlichen Gruppe. Immer wieder erlebte ich, wie die Christen miteinander wie Brüder und Schwestern und mit Gott wie mit ihrem Baba umgingen. Sie beteten weiter ungezwungen und spontan. Sie liebten ihren Gott und sie liebten sich gegenseitig. Als Muslim liebte ich Allah nicht, ich sehnte mich auch nicht nach ihm. Wir fürchteten Allah und gehorchten ihm. Aber diese Christen wandten sich an Gott, als wäre er ein guter und innig geliebter Freund. Für sie war es fast eine romantische Beziehung; für mich war dieses Romantische ein Skandal.

Muslime kennen keine Gebetsgruppen oder religiöse Gesprächskreise. Man kann einen Kurs in der Moschee besuchen und dort respektvoll seine Fragen zum Koran stellen, aber niemand käme auf die Idee, sich mit anderen Muslimen zu treffen, um sich über Glaubensfragen auszutauschen. Beten und den Koran rezitieren sind religiöse Verpflichtungen, die dem, der sie ausführt, bei Allah Verdienste erwerben, sie sind nicht dazu da, Glaubensinhalte besser zu verstehen.

Wenn ein Muslim wissen will, wie er sich verhalten soll, geht er zum Imam und bittet um eine *Fatwa,* eine offizielle Rechtsauskunft; oder er macht sich kundig, was irgendein anerkannter *Mufti* (ein islamischer Rechtsgelehrter) zu dem Thema gesagt hat. Die Grundsatzfrage *Warum?* ist im Islam nicht erlaubt, ebenso wenig wie auch nur die geringste Kritik am Propheten. Jemand hat geschrieben, der Islam erfordere „einen Anschlag auf den menschlichen Verstand". Im Islam geht es darum, sich der Führung des Propheten zu unterstellen – aber nicht darum, seine Liebe besser zu verstehen.

Die Christen, die ich kennenlernte, waren dagegen nicht ständig mit der Frage beschäftigt, ob sie alles richtig machten. Sie lebten in einer persönlichen Beziehung zu ihrem Gott und dieser Gott liebte sie so sehr, dass er sein eigenes Leben für sie gegeben hatte. Ich begann mich zu fragen: *Wie viel von dem, was ich über den Islam und über das Christentum gelernt habe, ist falsch?* Die Frage quälte mich; sie brachte mich in eine regelrechte Identitätskrise. Konnte denn alles, was meine Familie mir über die beiden Religionen beigebracht hatte, unwahr sein? Mein bisheriges Verständnis von Wahrheit und Realität stürzte in sich zusammen. Was sollte ich tun, wenn sich mein gesamtes Glaubenssystem als Lüge erwies?

Im Islam steht auf Abfall von der Religion der Tod. In den westlichen Gesellschaften wollen die meisten Menschen das nicht sehen, vor allem die Muslime selbst nicht. Aber in den *Hadithen,* den Überlieferungen der Aussprüche und Handlungen des Propheten und anderer führender Geistlicher, wird ganz klar der Tod für einen Muslim gefordert, der sich dem Judentum, Christentum oder einer anderen Religion zuwendet.[15] Die Todesstrafe wird zwar nicht immer angewendet, wenn jemand zu einem anderen Glauben konvertiert, aber diese Bestimmung ist Bestandteil der Scharia, und je islamischer ein Land ist, umso wahrscheinlicher wird in solchen Fällen auch die Todesstrafe zur Anwendung kommen.[16]

In Ägypten war der Tod für mich eine reale Gefahr, falls ich konvertieren würde. Es wäre zwar vermutlich nicht die staatliche Justiz gewesen, die das Todesurteil vollstreckt hätte, aber die religiöse Gemeinschaft selbst hätte dafür gesorgt. Es gab Fälle, in denen die Geheimpolizei Informationen über Konvertiten an radikale islamische Gruppierungen weitergab, die die Betroffenen aufspürten und umbrachten.

Irgendwann kam ich zu der Erkenntnis, dass ich nie vollkommen werden würde, indem ich alle Regeln der Scharia einhielt. Ich würde nie sicher sein, ob beim Jüngsten Gericht mein Register mit guten Taten das mit schlechten Taten übertreffen würde. Aber ich glaubte, dass Christus mich vollkommen machen konnte. Denn er selbst ist vollkommen, und wenn ich ihn annahm, würde diese Vollkommenheit auch mir zugerechnet werden. Ich war dabei, *Shirk* zu begehen, die unverzeihliche Sünde, irgendetwas oder irgendjemanden auf eine Stufe mit Allah zu stellen, nämlich Jesus Christus.[17] War es das wert? Sollte ich mein Leben aufs Spiel setzen?

Ich wusste nicht, was ich beten oder was ich sagen sollte, aber ich wusste: Ich hatte mich verändert. Die Liebe Gottes hatte mich gefunden. Eines Tages stieß ich auf eine Ausgabe der *Vier geistlichen Gesetze* und darin fand ich ein Gebet für Menschen, die Jesus annehmen wollten. Dieses Gebet habe ich gebetet. Ich brauchte nicht nur Warnungen von Mohammed, dem Propheten Allahs; ich brauchte Christus, seine Liebe und seine Erlösung. „Jesus liebt mich" – da war ich mir jetzt ganz gewiss.

Weihnachten 1977 wurde ich durch die Taufe in die christliche Gemeinde aufgenommen. Ich nahm den christlichen Namen Stephen an, nach Stephanus, dem ersten Märtyrer, denn ich rechnete damit, möglicherweise bald selbst ebenfalls zum Märtyrer zu werden.

4

Abtrünnig

Aber ich versteckte meinen neuen Glauben. Wenn ich zum Gottesdienst ging, betrat ich die Kirche durch die Hintertür und verschwand, bevor der Gottesdienst vorbei war. Ich sagte niemandem etwas. In meinem dritten College-Jahr hatte ich die Gelegenheit, für einen Sommer nach England zu gehen. Ich arbeitete in Liverpool in einer Bäckerei und sang die Songs der Beatles mit. Und ich stellte einen Antrag auf Asyl wegen religiöser Verfolgung. Bis zum Ende des Sommers hatte ich immer noch keinen Bescheid bekommen und verfolgte die Sache nicht weiter.

Ich ging zurück nach Ägypten, wo meine Familie langsam Verdacht schöpfte. Ein offensichtlicher Grund dafür war meine veränderte Art zu reden. Bis dahin konnte ich fluchen wie ein Kesselflicker und bei der kleinsten Provokation die übelsten Schimpftiraden über einen anderen niedergehen lassen. Mein Bruder hatte oft versucht, mir diese Unart auszutreiben, indem er mir die Faust auf die Schenkel hieb, wenn ich fluchte. Das tat weh! Aber es hielt mich nicht vom Fluchen ab. Aber nachdem ich Christ geworden war, begriff ich, dass ich nicht mit derselben Zunge Gott loben und Menschen fluchen konnte. Auch meine Zunge hatte sich bekehrt.

Dann erhielt ich Anrufe von meinen neuen christlichen Freunden. Damals – und in gewissem Maß auch heute noch – war in Ägypten der Name meist schon ein Hinweis auf die Religionszugehörigkeit. Christen nannten ihre Kinder Mark oder Peter oder Matthew. Muslimische Jungen hießen Mohammed oder Ismail oder Ali und so weiter. Als ich nun häufig Anrufe von Freunden bekam, die Andrew oder John hießen, fiel das natürlich auf und machte meine Familie misstrauisch. Aber sie wollten der Sache nicht auf den Grund gehen. Solange ich mich nicht öffentlich als Christ bekannte, galt ich weiterhin als Muslim. Jeder, der einen muslimischen Vater hat, ist Muslim, es sei denn, er konvertiert öffentlich. Im Islam muss man den Glauben nicht bekennen, man muss nicht getauft werden oder sich irgendwelchen Ritualen unterziehen; man folgt einfach dem Pfad des Propheten.

Ich besuchte die Bibelstudienabende bei einer einheimischen christlichen Familie. Zu diesen Treffen kam auch eine unverheiratete Frau aus meiner Nachbarschaft. Der Familienvater, ein Zahnarzt, fuhr uns anschließend gemeinsam nach Hause. Nun kam es aber nicht infrage, dass eine Frau mit zwei Männern unterwegs war, die nicht mit ihr verwandt waren; deshalb bat sie eine muslimische Freundin, sie zurück nach Hause zu begleiten. Bevor wir losfuhren, betete der Zahnarzt um eine sichere Fahrt und redete dann mit uns allen über Christus, auch mit der muslimischen Freundin.

Dieses Mädchen war verlobt und sollte heiraten, sobald sie das College beendet hatte. Die Eltern ihres Verlobten bestanden darauf, dass sie erst das College beenden sollte, bevor sie den Brautpreis an ihre Familie zahlen würden. Aber sie fiel durchs Examen und musste ein Jahr wiederholen. Der Grund für den verpatzten Abschluss war vermutlich der, dass sie mehr Zeit mit Telefonaten mit ihrem Verlobten verbracht hatte als mit Studieren. Aber ihren Eltern erzählte sie eine andere Geschichte, nämlich, dass sie von Christen belästigt worden wäre und sich deshalb nicht auf das Studium hätte konzentrieren können.

Auch ihr Verlobter hörte diese Version und natürlich tobte er: Ein Christ sei daran schuld, dass seine Heirat sich um ein ganzes Jahr verzögern würde. Er wollte wissen, wer diese Ungläubigen waren, die versucht hatten, seine Verlobte zu missionieren, und sie berichtete von ihrer christlichen Freundin und von mir. Er wusste genau, wer ich war; wir waren in derselben Stadt aufgewachsen. Er hielt mich allerdings für einen Muslim und konnte nicht verstehen, wie ich mit seiner Verlobten über Christus sprechen konnte.

Jetzt wurde es brenzlig. Es war gerade Ramadan, die Zeit, in der die muslimische Seele besonders empfindlich ist, wenn jemand sich vom Islam abwendet. Erste Gerüchte tauchten auf, ich sei Christ geworden. Der Verlobte erschien bei mir und versuchte, mich davon zu überzeugen, dass mein neuer Glaube ein Irrtum war. Aber er wusste nicht viel über den Islam und noch weniger über den christlichen Glauben und konnte mich nicht überzeugen. Als er wiederkam, hatte er einen Cousin dabei, der sich gut im Koran auskannte und ihm helfen sollte, mich zum Islam zurückzubringen, aber der war auch nicht viel besser.

Nicht lange danach lief ich mit einem koptischen Freund eine vertraute Straße entlang. Ein paar junge Männer, die ich kannte, verstellten uns den Weg. „Wir werden dich steinigen, du Ungläubiger!" Es waren zu viele, als dass wir hätten weglaufen oder kämpfen können. *Ich bin ein toter Mann,* dachte ich. Ich nahm meine Brille ab und sprach mein letztes Gebet. (Ich erwartete, dass die Bedeutung meines neuen Namens Stephen sich jetzt erfüllen würde.) Einer warf mir einen Stein auf die Füße, ein anderer Stein landete vor seinen eigenen Füßen im Staub.

„Wir sind noch nicht fertig mit dir", schrien sie. Ich war so verängstigt, dass mein Herz raste und mein Kopf sich alle möglichen Szenarien für meinen Tod vorstellte – gehängt werden, die Kehle durchgeschnitten kriegen, gesteinigt werden. Aber Gott beschützte uns. Niemand hatte uns auch nur angerührt. Wie Jesus sagte: „Und bei euch sind sogar die Haare auf dem Kopf alle gezählt. Seid darum ohne Furcht!" (Matthäus 10,30-31)

Mein koptischer Freund hatte noch nie im Leben so einen Schrecken erlebt. Dass er in Ägypten als Bürger zweiter Klasse galt und behandelt wurde, war er gewohnt (obwohl mindestens 10 % der Ägypter koptische Christen sind), aber er war noch nie mit dem Tod bedroht worden. Er stammte aus einer christlichen Familie. Ich dagegen war ein „Abtrünniger", ein Verräter des Islam, und daher in weit größerer Gefahr.

Die Typen, die gedroht hatten, mich zu steinigen, hielten Wort. Am Abend – es war in der Mitte des Ramadan – zogen ein Dutzend Männer vor unser Haus. Darunter waren auch zwei meiner engsten Freunde, die es für ihre religiöse Pflicht hielten, dabei zu sein. Ich schlief bereits. Mein Bruder Yasser weckte mich mit der Nachricht, dass draußen eine Menge Leute stünden, die mich umbringen wollten.

„Bringt ihn raus, wir müssen ihn töten!"

Mein Bruder Yasser ging hinaus auf die Veranda, um mit ihnen zu reden. Er genoss inzwischen in der Nachbarschaft als Stabsarzt des Polizeikrankenhauses ziemliches Ansehen.

„Ihr kennt doch das Gesetz: ‚Der Abtrünnige soll getötet werden'", rief es aus der Menge.

Mein Bruder wusste sehr gut, was das Gesetz sagte. Aber weil er ein einflussreicher Mann in unserem Viertel war, gelang es ihm nach einer Weile, die Menge zum Aufgeben zu bewegen.

„Überlasst ihn mir. Ich bin sein ältester Bruder. Ich regele das."

Mein Bruder kam ins Haus zurück und stellte mich zur Rede.

„Bist du wahnsinnig? Was glaubst du, was du hier machst? Das kann nicht dein Ernst sein!"

Ganz im Gegensatz zu meiner sonstigen Gewohnheit hielt ich den Mund. Dafür redete der Rest der Familie wild durcheinander.

„Du willst Christ werden? Wie kannst du deiner Familie diese Schande antun?"

„Du willst behaupten, dass ein Mensch, der aß und trank und schlief wie wir, Gott sein soll?"

„Du folgst einer Religion, die Kriegsverbrecher produziert, und zwar von Anfang an bis heute in Irland?" Damals tobte der Bürgerkrieg in Nordirland zwischen Protestanten und Katholiken.

„Sie können nicht mal die Geschichte von Jesus einheitlich erzählen; sie brauchen vier Versionen."

„Sie können nicht rechnen. Für sie ergibt eins und eins und eins immer noch eins – eine Trinität. Hast du den Verstand verloren?"

„Ja, in der Tat, du musst den Verstand verloren haben. Ich bringe dich zu einem Psychiater", sagte mein Bruder.

Ich weiß nicht mehr genau, warum ich es tat, aber ich weigerte mich. Später hörte ich, dass es Psychiater gab, die Konvertiten mit Gehirnwäschemethoden zurückzugewinnen versuchten oder Drogen verabreichten, die sie tatsächlich um den Verstand brachten.

Meine Familie erklärte, sie würden mich nicht töten, aber ich solle das Haus verlassen. Also packte ich meine Sachen und war bereit zu gehen. Dann hielten sie mich zurück; sie hatten inzwischen beschlossen, die Polizei zu holen. Mein Bruder rief ein paar Kollegen an, die sehr bald erschienen, um mich mitzunehmen. Auf dem Weg ins Gefängnis gelang es mir, eine Liste mit Namen und Telefonnummern von anderen Christen in einen Gulli zu werfen. Sie sollten nicht auch noch im Gefängnis enden.

Und so fand ich mich bald in einer stinkenden Gefängniszelle wieder. Eine Toilette gab es nicht; man musste eben ohne zurechtkommen, genau wie der Häftling in der Nebenzelle. Sie entschlossen sich, mir die Behandlung „Roter Teppich" angedeihen zu lassen. Was hieß: Als sie mit dem Prügeln aufhörten, war der Teppich rot von meinem Blut.

Blutend und zerschlagen saß ich im Dunkeln und im Gestank und fragte mich: *Was habe ich falsch gemacht, dass sie mich wie einen gewöhnlichen Verbrecher behandeln? Habe ich getötet? Jemanden bestohlen? Für welches Verbrechen tun sie mir das an?* Wenn es wegen meines neuen Glaubens war – dann war mir unverständlich, wie meine Familie, die mich liebte, mich einfach ausliefern konnte. Im Arabischen heißt es über die Bedeutung von Familienbindungen: „Blut wird nie zu Wasser" oder: „Der Fingernagel wird den Finger nie verlassen". Ich fühlte mich verstoßen und verraten von den Menschen, die mir am nächsten standen. Ja, meine Familie mochte mir entfremdet sein, aber Christus fühlte ich mich umso näher. Er hat es ja vorausgesagt: „Wenn sie mich verfolgt haben, werden sie auch euch verfolgen" (Johannes 15,20).

Es war Ramadan, es wurde also tagsüber gefastet. Aber vor Tagesanbruch wird meist kräftig gegessen. Das galt auch für die Polizisten, die mich befragten. Bevor sie bei Tagesanbruch das Fasten begannen, verhörten sie mich.

„Bist du Christ?"

„Bekennst du dich wirklich zu einer so dummen Religion?"

„Bist du ein Spion?"

Sie gingen davon aus, dass ich dem christlichen Glauben abschwören und alles zu einem großen Fehler erklären würde. Sie hielten mich für einen anständigen ägyptischen Burschen, der sich in ein christliches Mädchen verguckt hatte oder dem man Geld angeboten hatte, wenn er Christ würde. Dann kam die Gewissensfrage.

„Bist du getauft?"

Das war's. Wenn man sagt, man habe eben Kontakt zu Christen gehabt, sonst nichts, dann kommt man vielleicht glimpflich davon. Aber wer sich taufen lässt, der wechselt die Seiten, das wussten sie auch. Die Taufe ist der Beweis, dass es jemand mit dem Glauben an Christus ernst meint.[18]

Die Worte von Jesus aus Matthäus 10,32-33 klangen mir in den Ohren: „Wer sich vor den Menschen zu mir bekennt, zu dem werde auch ich mich vor meinem Vater im Himmel bekennen. Wer mich aber vor den Menschen verleugnet, den werde auch ich vor meinem Vater im Himmel verleugnen."

„Ja, ich bin getauft. Ich bin Christ", sagte ich.

Die Polizisten waren sichtlich überrascht. Sie hatten wohl erwartet, dass ich – wie die meisten Kriminellen – alles abstreiten würde. Nach den Bestimmungen der Scharia blieben mir nur drei Tage Zeit, um meinen Schritt zu bereuen und zum Islam zurückzukehren. Danach würde ich zum Verräter meines Glaubens erklärt werden und jeder, der mich umbrachte, würde damit Allah eine Gunst erweisen. Nach drei Tagen würde man mich als „jenseits der Sonne" betrachten, dem Ort, von dem niemand zurückkehrt.[19]

Sie schickten mich zu meiner Familie zurück. Mein Bruder erklärte mir kurz und bündig: „Wir werden dir nichts antun. Aber irgendjemand wird das machen. Du musst aus diesem Haus verschwinden oder du bist bald ein toter Mann."

Später erfuhr ich, dass sogar die Polizisten, die mich nach Hause gebracht hatten, angeboten hatten, mich zu töten. Sie hätten es nicht öffentlich tun können, denn Ägypten hat wie die meisten muslimischen Staaten die Menschenrechtskonvention der Vereinten Nationen unterzeichnet, die unter anderem Religionsfreiheit garantiert. Sie würden mich also nicht wegen Abfalls vom Islam töten, aber dafür sorgen, dass mir leider ein tödlicher Unfall zustieß. Und die Untersuchung dieses Unfalls würde wegen Mangels an Beweisen bald eingestellt werden.

Ich wurde unter Hausarrest gestellt. Jeden Tag kam irgendwer vorbei, der mich von meiner Verblendung heilen wollte. Zuerst ein Imam, dann ein Freund, dann ein Christ, der zum Islam übergetreten war. Sie sagten alle dasselbe, aber sie konnten mich alle nicht überzeugen. Das Ansehen meines Bruders in der Nachbarschaft bewirkte, dass man mir eine ganze Woche anstelle der drei Tage zugestand, um zum Islam zurückzukehren.

Meine Mutter redete auf mich ein: „Sohn, ich weiß, was du

durchmachst. Warum behältst du nicht einfach für dich, was du in deinem Herzen hast? Aber bleib in der Familie. Geh in die Moschee, bleib beim Islam. Tu uns nicht eine solche Schande an."

Sie hatte recht. Das hätte ich tun können. Der Form halber Muslim zu bleiben, ist nicht schwierig. Ich vermute sogar, dass viele Muslime diesen Weg wählen. Befolge die Regeln, rezitiere die Gebete, gib Almosen und faste im Ramadan – dann hält man dich für einen Muslim.

Aber ich weigerte mich zu widerrufen. Meine Familie warf mich aus dem Haus. Mit ungefähr fünf Dollar in der Tasche und dem, was ich auf dem Leib trug, lief ich durch die Straßen und rief meine christlichen Freunde an. Endlich bekam ich einen Freund an den Apparat, der mich zu sich nach Hause holte und mir half, eine Bleibe zu finden. Das dauerte Stunden; niemand wollte mich bei sich zu Hause aufnehmen. Denn das hätte bedeutet, einem Flüchtigen Unterschlupf zu gewähren.

Schließlich fand sich ein christliches Ehepaar bereit, mir zu helfen. Sie brachten mich erst einmal aus Kairo weg nach Alexandria – zu meiner eigenen Sicherheit. In Alexandria organisieren die Kopten und andere christliche Gruppen immer wieder Konferenzen für ihre Mitglieder. Wenn ich diese Treffen besuchte, konnte ich ziemlich sicher sein, dass es dort keine muslimischen Spitzel gab, die mich verraten könnten. Ich wurde zum Dauerkonferenzteilnehmer, hatte zu essen und hielt mich auf kirchlichem Gelände auf. Die Christen lernten mich ziemlich gut kennen. Ich bekam einige exzellente Predigten und Vorträge zu hören und schloss etliche Freundschaften.

Ich lernte einen christlichen Arzt aus dem Süden des Landes kennen. Er lud mich ein, in den Süden zu kommen und da in einer christlichen Einrichtung zu wohnen. Als wir dort ankamen, war der Leiter der Einrichtung nicht da und ich konnte nicht bleiben. Also beschloss der Arzt, ich sollte auf eine Vortragsreise gehen. Als Konvertit aus dem Islam hatte ich eine Geschichte zu erzählen, die viele hören wollten, denn die meisten Christen in Ägypten sind schon immer Kopten.

Wenn ich sprach, kamen Muslime zum Glauben. Ich verdiente mir ein wenig Geld und meine Popularität bei meinen christlichen Zuhörern schmeichelte mir. Manchmal war ich versucht, meine Geschichte ein wenig auszuschmücken, um groß rauszukommen und bessere Honorare zu erzielen. Aber ich gab dieser Verlockung nicht nach. (Viele Konvertiten lassen sich dazu verleiten und kommen in ihrem Glauben nie weiter als bis zu diesem ersten Anfangszeugnis.)

Irgendwann zog ich zurück nach Kairo, um mein Studium abzuschließen. Ich konnte nicht in meinem früheren Wohnviertel wohnen, das wäre lebensgefährlich gewesen. Also zog ich in ein ärmliches Viertel am anderen Ende der Stadt und teilte mir ein Zimmer mit einem anderen Christen. Er war römisch-katholisch. Unser Zimmer hatten wir in der Wohnung eines Christen, der zu einer Pfingstgemeinde gehörte. Damals wusste ich noch wenig über die vielen verschiedenen Gruppierungen innerhalb des Christentums und fand manches recht verwirrend. Eines Abends eröffnete mein pfingstlerischer Vermieter mir, ich sei gar kein richtiger Christ, denn ich müsse erst die Geisttaufe und die Gabe des Sprachengebets empfangen. Ich hatte keine Ahnung, wovon er sprach, und erklärte, ich hätte in Kairo Sprachen studiert und könnte leidlich Englisch. Dass ich völlig verwirrt war, ist noch milde ausgedrückt: Wenn das, was er sagte, wahr war, dann war ich gar kein richtiger Christ. Und dann stellte sich doch die Frage, warum hatte ich so teuer dafür bezahlt? Der Pfingstler war hartnäckig. Am nächsten Abend bearbeitete er ebenso meinen katholischen Freund.

Für die christliche Mission unter Muslimen ist die Zersplitterung des Glaubens in zahllose Denominationen schon lange ein Fluch. Der Islam, der Koran und Allah scheinen ein solides Ganzes, demgegenüber das Christentum wie eine Ansammlung konkurrierender und streitender Sekten wirkt. Die Liebe Gottes ist für Muslime anziehend; aber dann sehen sie die Streitereien und Animositäten zwischen den verschiedenen christlichen Lagern. Muslime bekehren sich ja nicht zu einer bestimmten Denomination, sie bekehren sich zu Christus. Aber die kirchliche

Landschaft stellt sie vor Probleme. Wenn mich heute jemand fragt, zu welcher Denomination ich gehöre, dann antworte ich gern: Früher war meine Denomination der Islam, heute bin ich Christ. Diese Antwort hat schon viele sprachlos gemacht.

Meine Mutter hatte mich nicht verstoßen. Ich nahm Kontakt zu ihr auf und ließ sie wissen, wo ich wohnte. Sie rief mich jede Woche an und wir trafen uns im Haus meines Onkels. Sie kochte für mich und brachte mir meine Lieblingsgerichte mit. Eine Mutter bleibt eben eine Mutter. Sie liebt und sorgt für ihr Kind, egal, was sonst sein mag. Ich hatte sie sehr vermisst, denn seit dem Tod meines Vaters hatten wir uns besonders nahegestanden. Sie versorgte mich auch mit Decken und anderen Dingen, die ich brauchte.

Dass ich einige Jahre später gezwungen war, meine Mutter zu verlassen, ist mir so schwergefallen wie nichts sonst in meinem Leben. Die längste Zeit meines Lebens hatte sie als verwitwete Frau für mich gesorgt. Sie war eine gute Seele, sie war umsichtig und religiös. Aber ich konnte auch nicht ignorieren, dass Jesus gesagt hat: „Wer Vater oder Mutter mehr liebt als mich, ist es nicht wert, mein Jünger zu sein, und wer Sohn oder Tochter mehr liebt als mich, ist es nicht wert, mein Jünger zu sein. Wer nicht sein Kreuz auf sich nimmt und mir nachfolgt, ist es nicht wert, mein Jünger zu sein. Wer sein Leben erhalten will, wird es verlieren; wer aber sein Leben um meinetwillen verliert, wird es finden" (Matthäus 10,37-39).

Ich konnte mein Studium wieder aufnehmen; ich war im dritten Jahr meines Wirtschaftsstudiums. Aber ich konnte nicht mehr öffentlich in die Uni gehen. Einige christliche Studentinnen, die ich kennengelernt hatte, brachten mir die Mitschriften und Unterlagen vorbei und ich studierte sie in unserem kleinen Zimmer. Mein Mitbewohner und ich schliefen immer abwechselnd einer im Bett und einer auf der Couch. Ich war häufig krank, denn ich hatte keine warme Kleidung und manchmal auch kein Geld für Lebensmittel. Aber immer wieder kam der eine oder andere christliche Freund vorbei und gab mir etwas Geld – oft aus dem Impuls heraus, Gott hätte ihn dazu gedrängt, mich zu unterstützen. Meine Beziehung zu Jesus war in dieser Zeit einfach wunderbar. Ich hatte das Gefühl, er war mir so nah, dass ich ihn fast mit Händen greifen konnte. Nichts vertieft unsere Beziehung zu Christus so sehr wie die Erfahrung der Verfolgung, in der wir uns ganz und gar auf ihn verlassen müssen. Dann kann man nämlich gar nicht mehr anders leben als nach dem Grundsatz: „Vertraue und gehorche."

Als der Termin für die Examensklausuren da war, ging ich zur Universität, setzte mich an den Tisch mit meiner Nummer und schrieb die Klausur. Anschließend unterhielt ich mich mit anderen Studenten, die im Fach Rechnungswesen zu den gleichen Ergebnissen gekommen waren wie ich. Optimistisch verließ ich das Gelände; ich war zuversichtlich, dass ich bestanden hatte. Aber als die Ergebnisse veröffentlicht wurden, war ich durchgefallen. Ich würde den Kurs wiederholen müssen. Wie konnte das sein?

Offiziell hieß es, ich sei im falschen Prüfungsraum und am falschen Platz gewesen. Aber das stimmte nicht. Ich hatte alles darangesetzt, rechtzeitig am richtigen Platz zu sein. Dort war sogar mein Name aufgerufen worden. Später erzählte mir ein befreundeter Studienkollege, wie es wirklich gewesen war. Der Dekan der Fakultät hatte ihm erklärt: „Dieser Kerl wird hier keine einzige Prüfung bestehen, solange ich Dekan bin und er nicht zum Islam zurückkehrt." Später wurde der Mann Ministerpräsident von Ägypten. Er hatte seinen Doktor in den USA gemacht. Aber anscheinend hatte er in der Zeit dort nie das Evangelium gehört. Das ist sehr schade.

Dann verliebte ich mich wieder – in eine Ägypterin, die wie ich konvertiert war und die ich in einer Gemeinde kennengelernt hatte. Ich wollte sie gern heiraten, aber ein Gemeindeältester hatte Bedenken. Wir hatten beide keinen Job und ich hatte auch kaum Aussichten, einen zu bekommen. Eigentlich hatte ich nicht nur keinen Job, sondern auch keinen anerkannten Abschluss – und kein Geld. Ich hatte meine Familienehre beschmutzt und daher kein Zuhause. Also war ich kaum der ideale Heiratskandidat. Meine Angebetete lehnte meinen Antrag ab und hatte dabei die Gemeinde auf ihrer Seite.

Ich war noch immer Student im dritten Studienjahr. Das gab mir noch einmal die Möglichkeit, mich für ein Auslandssemester zu bewerben. Damals war der Präsident des Reformierten Bibelcolleges aus Grand Rapids in Michigan gerade zu einer Vorlesungsreihe in Kairo und ich hörte ihn. Es schien, als hätte ich einen gewissen Eindruck auf Dr. Dick Van Halsema gemacht. Mein Englisch war passabel, meine Schulbildung war gut. Der Pastor meiner Gemeinde empfahl mich für ein Stipendium am Reformierten Bibelcollege. Innerhalb einer Woche hatte ich die Antwort: Dr. Van Halsema hatte das Stipendium für mich bekommen. Ich stellte sofort einen Antrag auf ein Visum für die USA. Wie die meisten dieser Anträge von ledigen jungen Männern aus dem Nahen oder Mittleren Ostern wurde er abgelehnt. Westliche Länder betrachten solche Anträge mit Misstrauen; das Studium ist oft genug nur der Vorwand, um eine Einreisegenehmigung zu bekommen.

Ich war daher wirklich dankbar, dass eine Frau aus meiner Gemeinde in der amerikanischen Botschaft in Kairo arbeitete und sich dort für mich einsetzte. Schließlich erhielt ich ein Studentenvisum für ein Jahr. Das war zwar keine Langzeitlösung, aber es ermöglichte mir, die schwierigen Verhältnisse in Kairo erst einmal hinter mir zu lassen und mein Studium fortzusetzen. Und dank der Unterstützung meiner Gemeinde und einiger christlicher Freunde konnte ich auch den Flug in die USA bezahlen.

Also ließ ich meine Mutter, meine Brüder, meine Schwester, meine ganze Familie zurück, ohne mich zu verabschieden – sie hätten sonst vielleicht noch versucht, mich zurückzuhalten. Ich verließ meine Nachbarschaft und meine Universität. Ich ließ meine Freunde zurück. Ich ließ Menschen zurück, die arabisch sprachen. Ich verließ mein Land, mein geliebtes Kairo und den Glauben meiner Kindheit. Aber ich folgte Jesus, meinem Herrn.

5

Im Westen

Ich bin mittlerweile ein untersetzter, meist bärtiger Araber in den besten Jahren und warte noch darauf, dass mich jemand mit Brad Pitt verwechselt. Seit dem 11. September 2001 spüre ich bei meinen Inlandsflügen in den USA, dass ich auf den meisten Flughäfen als Verdächtiger gelte. Und wenn ich von Auslandsreisen zurückkomme, werde ich bei der Wiedereinreise garantiert durchsucht, befragt und gelegentlich auch in Gewahrsam genommen. Der zuständige Mitarbeiter sieht meinen Pass, in dem ein amerikanischer Name steht – Stephen. Dann schaut er hoch und sieht in ein arabisches Gesicht. Ich werde gescannt. Der Scanner schlägt lauter an als die Sirene bei einer Feuerwehrübung in der Highschool, denn ich hatte eine Knieoperation und nun habe ich ein künstliches Gelenk aus Titan. Es folgt eine intensive Befragung. Man tätigt Anrufe. Willkommen in den USA!

Bei meiner ersten Einreise in die Vereinigten Staaten gab es diese Probleme noch nicht. Ich war ein junger Mann von 22 Jahren, es war 1979 und die Zwillingstürme des World Trade Centers ragten noch unversehrt in den Himmel. Am 4. Juli landete ich in den USA, zeigte mein Studentenvisum vor, war in ein paar Minuten durch den Zoll und wurde mit einem Feuerwerk empfangen. Es war Nationalfeiertag!

„War das für mich?", fragte ich – eine rhetorische Frage. „Wow! Das nenne ich ein herzliches Willkommen!"

An diesem 4. Juli konnte ich noch nicht ins Reformierte Bibelcollege in Grand Rapids einziehen, weil dort niemand war, der mich hätte empfangen können. Also nahm ich mir ein Taxi und ließ mich zu einem Hotel fahren. Der Taxifahrer sah in mir einen naiven Ausländer und brauchte ungefähr eine Stunde für eine Strecke von sechs Meilen.

Als das Semester begann, musste ich feststellen, dass mein

Englisch bei Weitem nicht so gut war, wie ich in Ägypten geglaubt hatte. Vor allem mit dem psychologischen Vokabular stand ich auf Kriegsfuß. Selbst wenn ich die Begriffe übersetzen konnte, ergaben sie für mich keinen Sinn. In Ägypten hatte man von mir meist erwartet, dass ich mir bestimmte Inhalte einrichtete. Aber jetzt sollte ich selbst denken. Die Dozenten wollten die Ansichten der Studenten hören; in Ägypten dagegen hatten Lehrveranstaltungen oft aus einem meist ziemlich trockenen Vortrag bestanden. Der Fächerkanon war so, wie man es von einem Bibelcollege erwarten würde – jede Menge biblischer Inhalte und etliche verwandte Fächer. Ich erhielt einen Einblick, was die Geisteswissenschaften in der westlichen Tradition bedeuten. Für Kurse in Wirtschaftswissenschaften, die mir in Ägypten am meisten gelegen hatten, blieb mir keine Zeit.

Im ersten Jahr hatte ich außerdem noch persönliche Probleme. Blähungen zum Beispiel. Das konservierte und sehr fette Essen in Amerika konnte man nicht vergleichen mit dem frischen Obst und Gemüse, das ich aus Kairo kannte. Meine Eingeweide rebellierten. Es wurde so schlimm, dass niemand mehr neben mir sitzen wollte. Ich vermisste meine Mutter und meine Familie sehr. Als ich in Kairo das College besuchte, hatte ich nicht im Wohnheim gewohnt, sondern natürlich zu Hause. Es war also für mich gewissermaßen das erste Mal, dass ich von zu Hause weg war. Es gab zwar um mich herum jede Menge junge Christen, aber ich fühlte mich trotzdem schrecklich einsam. Manchmal lehnte ich mich einfach gegen die Wand und ließ die Tränen fließen.

Nachdem ich mich in Michigan etwas eingerichtet hatte, schrieb ich an meine Mutter und meine Geschwister und berichtete ihnen, wie es mir erging. Sie waren schockiert, aber auch erleichtert zu hören, dass ich wohlauf war. Sie wussten, welches Risiko jeder weitere Tag bedeutete, den ich Kairo verbracht hätte. Meine Mutter schickte mir Geld; sie hatte wohl Angst, ich könnte verhungern, wenn sie mich nicht unterstützte. Sie wusste nicht, wie wenig das ägyptische Pfund in den USA wert war, und ich habe es ihr nie gesagt. Ich war glücklich, dass sie mir weiterhin liebevoll verbunden war und ihre kleinen Geldgeschenke erinnerten mich an diese Liebe.

Der Schnee in meinem ersten Winter in Michigan war ein Traum. In Kairo gibt es kaum je Schnee. Ich hatte davon gehört und auch in einigen Bibelversen davon gelesen, aber den Schnee real zu erleben, war ein Abenteuer. Wir lieferten uns Schneeballschlachten. Ich griff mir eine Handvoll und schleuderte den Schneeball in Richtung des Studienkollegen, mit dem ich mein Zimmer teilte. Ich hatte wenig Praxis im Werfen und nicht gut gezielt. Und ich hatte noch nie Schnee in den Fingern gehabt und nicht gemerkt, dass ich keinen Schnee, sondern einen Eisklumpen erwischt hatte. Das Fenster, das zu Bruch ging, zu ersetzen, kostete mich neunzig Dollar, die mir von dem bisschen Geld abgezogen wurden, das ich mir in der Mensa verdiente. Ich hatte das Gefühl, dass ich endlos brauchte, bis die Summe abbezahlt war.

Dr. Van Halsema sah ich oft. Er hatte mir angeboten, ich solle einfach vorbeikommen, wenn ich mit jemandem reden musste. Der arme Mann musste sich alle meine Probleme anhören. Aber er hatte auch immer wieder mal einen kleinen Job für mich und so kam ich zu etwas Taschengeld. Und er lud mich sogar in sein Ferienhaus am Lake Michigan ein.

Ich ging in eine der Gemeinden in Grand Rapids. Jeden Sonntagmorgen holten die Van Lopiks, eine Familie aus der Gemeinde, mich am College ab und nahmen mich mit zur Kirche. Nach dem Gottesdienst verbrachte ich meist den Nachmittag bei ihnen. Sie leiteten die Gruppe junger Erwachsener in der Gemeinde, die sich am Sonntagabend traf und der ich mich anschloss. Ich war begeistert von den amerikanischen Mädchen, die ich dort und auch im College traf. Wow, sie waren wunderbar, sie waren Christen – ich konnte sie also als mögliche Ehefrauen in Erwägung ziehen. Wie man um eine Frau wirbt, hatte ich ja in Ägypten gelernt: Immer wenn ich mich zum ersten Mal mit einer jungen Frau traf, erklärte ich sehr bald meine ehrlichen Absichten – dass ich sie mir als meine künftige Frau vorstellen konnte. Das war regelmäßig das Ende der Beziehung.

Etliche Freunde und auch Freundinnen versuchten, mir die Regeln des Dating in Amerika zu erklären, aber ganz habe ich es nie verstanden. Doch dann traf ich in der Gruppe von jungen Erwachsenen eine tolle junge Frau – und sie floh nicht nach dem ersten Date. Sie hieß Belinda und ich bemühte mich weiter um sie, obwohl ihre Eltern mir, diesem seltsamen Ausländer, mit Misstrauen begegneten.

Irgendwann lernte ich Kent kennen (nicht den Koautor dieses Buches). Er war Amerikaner und ein großartiger Pastor. Kent beeindruckte mich, weil er von nichts anderem redete als von Jesus. Außerdem war er überzeugt, dass die Wahrheit über Jesus nur in der King James Bibel zu finden war, also in einer recht altertümlichen Fassung. Als Kents Familie erfuhr, dass ich nur ein Studentenvisum für ein Jahr besaß, boten sie mir an, mich zu adoptieren, um mir zu ermöglichen, dauerhaft in den USA leben zu können. Und sie machten ihr Angebot wahr – was mir zu meinem bereits amerikanischen Vornamen Stephen nun auch einen amerikanisch klingenden Nachnamen bescherte.

Bald stellte sich die Visumsfrage erneut und die Adoption war keine Hilfe. Ich konnte das für ein Jahr ausgestellte Visum nicht in eine Daueraufenthaltsgenehmigung ändern lassen. Also beantragte ich Asyl aus religiösen Gründen. Als mein Antrag vorlag, muss jemand im Auswärtigen Amt nachgeprüft haben, welche Länder auf der offiziellen Liste von Staaten mit religiöser Verfolgung stehen. Ägypten gehörte nicht dazu.

Ich wusste nur zu gut, dass das islamische Gesetz gegen den Abfall vom Glauben mich das Leben kosten konnte, wenn ich nach Ägypten zurückkehrte, aber ich konnte bei der Verhandlung meines Antrags niemanden davon überzeugen. Ich saß dem Richter gegenüber und bat ihn, mir Bleiberecht zu gewähren. Er hatte alle erforderlichen Dokumente vorliegen und war drauf und dran, mich auszuweisen.

Schließlich riet mein Adoptivvater mir, die Sache einem Anwalt zu übergeben. Das tat ich und mein Fall wurde von vorn aufgerollt. Jemand aus der Gemeinde war so großzügig, einen guten Anwalt für mich zu bezahlen, und wir gewannen den Prozess. Nun konnte ich ganz legal unbefristet in den Vereinigten Staaten leben. Ich selbst war vom Ausgang des Prozesses überrascht. In Ägypten wäre das Urteil sehr wahrscheinlich von Freunden oder Angehörigen im Voraus „arrangiert" oder durch ein beträchtliches „kleines Geschenk" beeinflusst worden. Aber in den USA entschied tatsächlich ein unparteiischer Richter aufgrund der Sachlage.

Während mein Asylverfahren lief, verfolgte ich meine Beziehung zu Belinda weiter. Schließlich machte ich ihr einen Heiratsantrag und sie nahm an. Sie war außerdem schwanger. Als das bekannt wurde, begegnete man mir mit erheblichem Misstrauen. Die Leute vermuteten, die Schwangerschaft sei nicht nur die Folge meiner ungezügelten Lust, sondern auch ein Weg, um an ein Visum zu kommen. Jedenfalls schmiedeten wir Heiratspläne. Ich lieh mir Geld, um einen Ring zu kaufen, und noch etwas mehr für eine „Flitternacht" in einem örtlichen Hotel. Wir heirateten, zwei Mitstudenten aus dem Bibelcollege waren meine Trauzeugen. Einer von ihnen war auch Ägypter. Ich habe ihn nach einiger Zeit aus den Augen verloren, aber ihn Jahre später wiedergetroffen. Damals arbeitete er als Missionar in Jordanien. Ein paar Monate nach unserer Hochzeit brachte Belinda in einem jüdischen Krankenhaus einen wunderschönen, gesunden Jungen zur Welt. Wir nannten ihn Nathaniel – Gottesgeschenk.

Ich muss zugeben: Mein Verhalten gegenüber Belinda passte nicht für jemanden, der Jesus nachfolgt. Vor unserer Hochzeit bekannten wir vor der Gemeinde unsere Sünde. Aber nach nun mittlerweile mehr als einunddreißig Jahren Ehe haben wir, denke ich, auch den größten Skeptikern bewiesen, dass ich sie nicht geschwängert und geheiratet hatte, um die amerikanische Staatsbürgerschaft zu bekommen.

Schon bald nach meinem Studienbeginn am Bibelcollege stellte sich heraus, dass meine Abschlüsse in Betriebswirtschaft aus Kairo nicht anerkannt wurden. Aber mittlerweile zeichnete sich für mich ohnehin ab, dass ich in ein christliches Werk gehen sollte und nicht in die Wirtschaft oder in den diplomatischen Dienst, wie ich ursprünglich vorgehabt hatte.

1979 konnte ich die Urbana Student Missions Conference in Illinois besuchen. Hier traf ich junge Christen aus der ganzen Welt. Unvergesslich werden mir die täglichen Andachten zum Römerbrief bleiben, die John Stott hielt. Sie enthielten zwar keinen direkten Ruf in die Mission, aber ich wusste trotzdem, dass Gottes Geist mich in diese Richtung führte. Und die Tatsache, dass Tausende junger Leute wie ich darauf brannten, in den Missionsdienst zu gehen, verstärkte diesen Eindruck zweifellos. Ich wollte definitiv als Missionar unter Muslimen arbeiten.

Mittlerweile hatte ich schon etliche Qualifikationen am Reformierten Bibelcollege erworben. Ich entschied mich aber doch, ans Cincinnati Bible College und die Theologische Fakultät dort zu wechseln. Dort wurden sowohl meine Qualifikationen aus Grand Rapids als auch einige meiner ägyptischen Abschlüsse anerkannt. Innerhalb von zwei Jahren machte ich meinen Master in Geschichte und Archäologie des Nahen Ostens – ein Sachgebiet, das mich begeisterte, weil ich dazu geografisch und persönlich viele Bezüge hatte.

Ich hatte vor, nach dem Masterabschluss direkt in eine Arbeit unter Muslimen in den USA einzusteigen. Aber für den Sommer hatte ich erst einmal einen Praktikumsplatz beim Radiosender *Back to God Hour* in Chicago. Dort gab es einen libanesischen Prediger, Bassam Madany, der Sendungen für die arabisch sprechende Welt produzierte. Wenn Hörer seiner Sendungen an den Sender schrieben, weil sie einen Rat oder weitere Materialien suchten, beantworteten ich und ein paar andere diese Anfragen. So lernte ich Dr. Madany ziemlich gut kennen. Ich hatte Respekt vor seinen umfassenden Kenntnissen sowohl des christlichen Glaubens als auch der arabischen Welt.

Als Dr. Madany erfuhr, dass ich vorhatte, direkt vom College in eine Arbeit unter Muslimen zu gehen, nahm er mich beiseite und legte mir dringend nahe, vorher noch Theologie zu studieren. Meine Begeisterung für den praktischen Einsatz sei anerkennenswert, aber, so sagte er, er sei sicher, auf lange Sicht wäre eine solide theologische Ausbildung für mich selbst und für meinen Dienst der bessere Weg. Mit einem Theologiestudium könnte ich auch in den vollzeitlichen geistlichen Dienst gehen und hätte außerdem in der Kirche Nordamerikas einen viel besseren Stand.

Um diese Zeit besuchte mich meine Schwester mit ihren beiden Kindern in Chicago. Seit sie für die Vereinten Nationen arbeitete, bekam sie problemlos Visa und konnte ihre Bonusmeilen von ihren vielen Flügen für einen Flug in die USA nutzen. Meine Schwester hatte während dieses Besuchs ein kleines Problem: Sie liebt Hunde – und wir hatten einen Hund. Der Prophet dagegen hasst Hunde – ebenso wie die meisten Araber. Mohammed sagt sogar, wer einen Hund zu anderen Zwecken hält als zum Schafehüten und zum Jagen, dem wird täglich ein Teil seiner Verdienste aus dem Verzeichnis guter Taten getilgt.[20] Im Islam macht der Speichel eines Hundes einen Menschen unrein, sodass man nicht am Gebet teilnehmen kann. Wenn unser Hund also meine Schwester abschleckte, würde sie unrein. Was sollte sie tun? Sie rief ihren Imam in Ägypten an und bat um eine schnelle Rechtsauskunft. Der weise Mann sagte, wenn sie mit dem Hund spielte, sollte sie immer eine bestimmte Kleidung tragen. Danach solle sie sich waschen und saubere Kleider anlegen und wäre so wieder rein im kultischen Sinn.

Zwölf Jahre nach diesem Besuch gestand sie mir, dass sie damals einen Zauber auf unser Haus gelegt und ein islamisches Amulett in einem Schrank versteckt hatte. Nach ihrer Rückkehr nach Ägypten hatten meine gesamte Familie und ein Imam alles daran gesetzt, über diesen Zauber meine Rückkehr zum Islam zu bewirken. Ich antwortete ihr nur: „Vor all diesen Dingen schützt Jesus Christus die, die zu ihm gehören."

„Ja", antwortete sie, „so muss es wohl sein. Schließlich bist du immer noch Christ."

Bevor ich aufs Theologische Seminar ging, machte ich ein weiteres Praktikum in Chicago, und zwar bei einem christlichen Sozialprojekt. Ich arbeitete in einem ziemlich heruntergekommenen Stadtviertel in einem Gemeindezentrum. Es wurde von zwei Männern geleitet, die zuvor als Missionare unter Muslimen gearbeitet hatten: Reverend Peter Ipema und Dr. Ray Tallman.

Beide sollten lebenslange Freunde und Mentoren für mich werden. Ich lernte in diesem Praktikum sehr viel über die Probleme einer christlichen Arbeit in den sozialen Brennpunkten der Stadt. Sehr oft hatten sie mit Geld, Versicherungsfragen oder Krankenversicherung zu tun. Ich bekam Einblick in die Arbeitsweise vieler sozialer Initiativen, lernte alternative Bankprojekte kennen und bekam ein Gespür dafür, was es bedeutet, im reichen Amerika arm zu sein.

Dann kehrte ich nach Michigan zurück und studierte Theologie am Calvin-Seminar. Hier lernte ich mehr über den christlichen Glauben, als ich je für möglich gehalten hätte. Das Studienprogramm war anspruchsvoll, aber jetzt wurden biblische Texte für mich lebendig. Vieles aus dem Alten und dem Neuen Testament verstand ich intuitiv; die Texte sind ja aus der Perspektive einer Kultur geschrieben, die weit mehr meiner eigenen als der meiner amerikanischen Mitstudenten entsprach. Ich las das Alte Testament auf Hebräisch (das dem Arabischen recht ähnlich ist) und das Neue Testament auf Griechisch. Ich schloss Freundschaften mit vielen Mitstudenten (darunter dem Mann, der mit mir dieses Buch schreibt) und ich hatte exzellente Professoren. Ich erinnere mich an ausführliche Gespräche mit einem Neutestamentler über die zukünftige Rolle Israels – und war angenehm überrascht. Als angesehener Wissenschaftler glaubte er *nicht,* dass Gottes Pläne für die Zukunft der Kirche sich nur um Israel drehen würden. Ich gewann ein vertieftes Verständnis des christlichen Glaubens und das würde mir später helfen, Muslimen auf glaubhafte Weise Christus zu bezeugen.

Inzwischen bekamen Belinda und ich unser zweites Kind, ein Mädchen. Auch sie nannten wir nach einer biblischen Gestalt – Rebecca. Die Verantwortung für ein weiteres Kind und die Anforderungen des Studiums stellten unsere Ehe auf eine harte Probe. Ich war ganz sicher nicht der typische amerikanische Ehemann und meine Frau war ein Adoptivkind und hatte ihre eigenen Kämpfe und Identitätskrisen zu bewältigen.

Ihren Eltern missfiel mein Erziehungsstil – der eben arabisch und das heißt sehr nachsichtig war. Ihre Mutter hat mir wohl nie verziehen, dass Belinda vor der Ehe schwanger geworden war. Wir waren so arm, dass Belindas Tante uns einmal ein Viertel Rind schenkte, das extra für uns geschlachtet worden war. Von diesem Fleisch lebten wir während meiner gesamten Seminarzeit. Wir waren abhängig von der Hilfsbereitschaft anderer, wir hatten unsere emotionalen Kämpfe, aber Gott hat uns Gnade geschenkt: Unsere Familie blieb zusammen.

6

Arbeit in den USA

Im Jahr 1989 wurde ich zum Pastor ordiniert und erhielt meine erste Stelle als Missionar unter der muslimischen Bevölkerung in Dearborn in Michigan. Im Sommer zuvor hatte ich ein Praktikum in Ann Arbor gemacht und mit arabischen Studenten an der Universität von Michigan gearbeitet. Ich kannte also diesen Teil des Staates schon. Dearborn vor den Toren von Detroit hat unter allen amerikanischen Städten den höchsten arabischen Bevölkerungsanteil. Die große Mehrheit dieser Araber sind Schiiten. Viele waren Jahrzehnte zuvor eingewandert und hatten Arbeit in der Autoindustrie gefunden, und seitdem war die arabische Bevölkerung weiter gewachsen.

Ich begann mit einer Gemeindegründung unter libanesischen Schiiten. Sie bildeten die Mehrheit in unserem Wohnviertel. Da ich selbst in der sunnitischen Tradition des Islam aufgewachsen bin, war es für mich eine Art von Kulturschock festzustellen, wie unterschiedlich diese beiden Strömungen des Islam sind. Die Schiiten erkennen diejenigen *Hadithe* (überlieferte Aussprüche und Handlungen des Propheten und seiner Nachfolger) nicht an, die von Anhängern Mohammeds oder von seiner Frau Aisha überliefert sind. Sie akzeptieren nur das, was direkt vom

Propheten stammt. Die Schiiten glauben, Mohammeds Cousin und Schwiegersohn Ali hätte zu seinem direkten Nachfolger gewählt werden sollen. Tatsächlich war er aber erst der vierte „rechtgeleitete Kalif" des Islam nach Abu Bakr, Umar (Omar) und Uthman. Während der Herrschaft der ersten drei Kalifen opponierte Aischa, die jüngste Frau Mohammeds, gegen Ali. Der kam schließlich doch an die Macht, aber sein Sohn Hussein, den er mit Mohammeds Tochter Fatima hatte, wurde vom Nachfolger Umars in der Schlacht von Kerbela im heutigen Irak getötet.[21] Damit lebte dann keiner von Mohammeds unmittelbaren männlichen Nachkommen mehr, aber viele Schiiten glauben, dass am Ende der Zeiten ein Nachkomme Alis in der zwölften Generation, der *Mahdi* (der heimliche Imam), wiederkommen wird.

Eines Abends diskutierte ich mit einigen schiitischen Freunden über die Unterschiede zwischen Sunniten, Schiiten und Christen. Es ging um einen bestimmten Punkt eines konkreten *Hadiths*. Gegen zwei Uhr nachts riefen sie ihren Imam an, damit der die Sache entscheiden sollte. Der Imam stand verdrießlich auf, hörte sich ihre Frage an und verkündete dann, meine Position in der Frage sei die richtige. In dieser Nacht gewann ich ein gutes Stück Respekt unter meinen muslimischen Freunden.

Die meisten Schiiten stammen aus dem Iran oder dem Irak.[22] In der Regel sind sie gebildeter als die Sunniten. Es war für mich also eine Freude, mit ihnen über religiöse Fragen zu diskutieren. Außerdem lassen Schiiten auch zeitgenössische Interpretationen des Korans gelten und sind daher offener als Sunniten, auch darüber nachzudenken, wie die Religion sich erneuern muss.[23] Trotzdem war mir klar, dass ich auch mit Schiiten nicht über Christus sprechen konnte, bevor ich nicht ihr Vertrauen erworben hatte. Also knüpfte ich soziale Kontakte und lernte die Familien kennen. Oft fungierte ich auch als Übersetzer, um es arabischen Familien leichter zu machen, sich im Leben in den USA zurechtzufinden. Häufig kam jemand mit einem Dokument oder amtlichen Schreiben zu mir, das er nicht verstand, und ich übersetzte es. Ich begleitete sie zu Behörden oder Gerichtsverhandlungen. Irgendwann galt ich dem einen oder anderen Richter als der offizielle örtliche Übersetzer für Arabisch. Es gehörte nicht besonders viel Scharfsinn dazu, einen Ägypter mit einem christlichen Klerikerkragen aus der Masse herauszufinden.

Unsere Familie und einige christliche Freunde bemühten sich, möglichst viele Araber in Dearborn kennenzulernen. Es gab in unserer Nachbarschaft Jemeniten, libanesische Schiiten, irakische Sunniten, christliche Chaldäer und Palästinenser aus Ramallah. In Dearborn leben heute sogar mehr Palästinenser aus dem Krisenherd Ramallah im Westjordanland als in Ramallah selbst.

Um diese Araber zu erreichen, zeigten wir manchmal abends im Park den Jesusfilm oder andere christliche Filme. Dazu brauchten wir eine Genehmigung und wir mussten den Parkwächter bitten, für uns die Tore zu öffnen und zu schließen, den Aufbau zu machen und so weiter. Wie es sich so ergab, sah unser Parkwächter mehr christliche Filme als irgendjemand sonst in der Stadt. Er sah außerdem, dass wir Christen aus unterschiedlichen ethnischen Gruppen waren, die aber respektvoll miteinander umgingen. Er kam aus dem Libanon und wusste, was Muslime in seinem Land sich damals im Bürgerkrieg gegenseitig antaten. Dieser Mann sah unsere Filme, die davon erzählten, dass Gottes Liebe allen gilt – und brach eines Tages in Tränen aus. Er nahm Christus in sein Leben auf.

Wir wollten kein besonderes Kirchengebäude, denn ich wusste, dass das Muslime abschrecken würde. Stattdessen gründeten wir ein arabisches Gemeindezentrum nach dem Vorbild des Zentrums aus Chicago, das ich bereits kennengelernt hatte. Zusätzlich zur Hilfe bei Übersetzungen gab es dort Englischkurse, Unterstützung im Umgang mit Rechnungen und amtlichen Papieren und etliche soziale Events, die wir sponserten. Ich wollte eine ganzheitliche Arbeit machen. Ich wusste, einfach nur zu predigen, würde meine muslimischen Freunde nur an all das Schlimme erinnern, das sie über die Christen gehört hatten.

Einmal wurde ich gebeten, zwei Personen als Übersetzer zum Sozialamt zu begleiten. Eine arabische Frau, die gerade ihren

Job verloren hatte, und ihre Mutter wollten finanzielle Unterstützung beantragen. Ich kannte die beiden recht gut. Sie besaßen ein kleines Haus, hatten die erste Etage vermietet und bewohnten selbst das Erdgeschoss. Der Sozialarbeiter stellte die üblichen Fragen – Name, Adresse, Anzahl der Haushaltsmitglieder und so weiter. Dann kam die Frage: „Haben Sie außer Ihrem Gehalt noch andere Einkommensquellen?" Die Frau antwortete: „Nein, keine. Sie können Stephen fragen." Das war ich. Als guter arabischer Freund hätte ich jetzt bestätigen sollen: „Nein, kein weiteres Einkommen." Ein Araber lässt einen anderen Araber doch nicht als Lügner oder Wahrheitsverdreher dastehen. Aber als Amerikaner, dem die Behörden in Dearborn vertrauten, wusste ich natürlich, dass ich die Mieteinnahmen angeben musste. Das war schwierig.

Schließlich setzte ich ein vielsagendes Lächeln auf und sah den Sozialarbeiter an. Er verstand. Als wir das Büro verließen, erklärte ich dieser Frau, ich würde nie wieder für sie übersetzen, und falls sie noch einmal solche Tricksereien versuchte, würde ich sie anzeigen.

Unser Gemeindezentrum unterstützte Muslime und Christen gleichermaßen. Im Islam wird von jedem Gläubigen erwartet, dass er bedürftige Muslime unterstützt. Dazu gibt es die *Zakat,* eine verpflichtende Abgabe. Aber eine Verantwortung gegenüber Angehörigen anderer Glaubensgemeinschaften besteht nicht. Und auch die *Zakat* ist nicht zu vergleichen mit staatlichen Sozialleistungen westlicher Staaten. Die muslimischen Länder gehören zu den ärmsten der Welt – die riesigen Slumviertel in Kairo sind dafür nur ein trauriger Beweis. Wohlhabende Araber oder arabische Staaten tun oft sehr wenig für die Armen, obwohl doch alle Mitglieder im Haus des Islam (*Dar al-Salam)* sind. Wenn Christen also bedürftige Muslime unterstützen, erweisen sie ihnen eine Liebe, die sie oft von ihren eigenen Landsleuten und Glaubensbrüdern nicht erfahren. Und viele bringt es zum Staunen, dass Menschen, deren Glauben sie nicht teilen, sich um sie sorgen und ihre Hilfe anbieten.

Wir luden unsere arabischen Freunde oft zu uns nach Hause

ein. Belinda bereitete dann Speisen und Getränke vor, die *halal* waren – zulässig im islamischen Sinn. Wir luden ihre Kinder zu den Geburtstagspartys unserer Kinder ein und feierten mit Clowns, Spielen und Popcorn. Wir wollten sie erleben lassen, dass sie tatsächlich alles sein konnten: Araber, Christen und Amerikaner.

In der Regel besuchte ich die arabischen Männer bei der Arbeit. Die meisten Tankstellen in Dearborn werden anscheinend von Arabern betrieben. Also machte ich es mir zur Gewohnheit, jedes Mal, wenn ich tanken musste, mit dem Mann zu sprechen, der die Tankstelle betrieb. Jede Menge guter Restaurants sind ebenfalls in der Hand von Arabern; meine Arbeit für das Evangelium brachte mir daher einige Extrakilos ein.

Detroit und Dearborn waren damals Städte mit scharfen Rassengegensätzen. Am extremsten waren diese zwischen Schwarzen und Arabern. Die meisten Araber betrachten Schwarze als minderwertig; sie bezeichnen sie als *abid* (Sklaven) und sind überrascht, dass man in den USA von ihnen erwartet, sie als gleichberechtigte Nachbarn zu akzeptieren. Die Schwarzen dagegen sehen in den Arabern geldgierige Blutsauger, die alle Erwerbsmöglichkeiten in der Gegend an sich reißen und anschließend überhöhte Preise für ihre Dienstleistungen verlangen.

Wenn ich mit den arabischen Kleinhändlern ins Gespräch kam, versuchte ich immer wieder, Verständnis dafür zu wecken, dass der Rassismus, mit dem sie im Nahen Osten aufgewachsen waren, nicht richtig ist. Alle Menschen sind Kinder Gottes, ganz egal, welche Hautfarbe oder Nationalität sie haben. Aber alte Gewohnheiten sterben schwer und Vorurteile halten sich lange. Wie viele andere ethnische Gruppen auch, bilden die Araber in der Regel eigene Enklaven, in denen nur ihresgleichen willkommen sind.

Mit meinem ägyptischen Hintergrund hatte ich angenommen, dass die Jugendlichen in Dearborn sich vom Fußball begeistern lassen würden. Aber ich stellte rasch fest, dass die arabischen Teenies Basketball vorzogen. Wir gründeten eine Basketballjugendmannschaft und spielten in einem katholischen Gymnasium. Anfangs kamen nur vier Jugendliche, bald waren wir sechzehn. Nach dem Training gingen wir zu Burger King und ließen uns auch Sachen schmecken, die nicht *halal* waren. Diese Kids wollten Amerikaner sein. Sie gaben sich neue Namen: Aus Ibrahim wurde Abe, aus Muhammad Mike und aus Mahmoud Moe. Wir sprachen über das Leben in den USA und über den christlichen Glauben. Und etliche dieser Jugendlichen fanden zu Christus.

In Dearborn war ich auch an der Ausbildung von Amerikanern beteiligt, die als Missionare in islamische Länder ausreisen wollten. Ich hatte angenommen, Amerikaner könnten nicht viel darüber wissen, wie man eine Missionsarbeit unter Muslimen aufzieht. Aber sie waren unglaublich erfolgreich. Jeden Sommer kamen einige von ihnen eine Zeit lang zu uns, um uns zu unterstützen. Sie fingen an, mit den arabischen Kids Baseball zu spielen. Das wurde unter den Jugendlichen so populär, dass sich am Spielfeld lange Schlangen bildeten – jeder wollte seine Chance haben, Baseball zu spielen. Mir gab das die Gelegenheit, mich zu den Eltern zu setzen, die auf der Tribüne zusahen, Kontakte zu knüpfen und von Christus zu sprechen.

1989 kam auch meine von mir sehr geliebte Mutter zu uns zu Besuch. Meine Schwester hatte den Flug für sie organisiert, alle Einzelheiten säuberlich aufgeschrieben, laminiert und meiner Mutter um den Hals gehängt. Meine Mutter reiste von Kairo nach London, von London nach New York und von New York nach Detroit, um ihren jüngsten Sohn zu besuchen, der ein Ungläubiger geworden war. Ich hörte, dass sie in New York für Unmut gesorgt hatte, weil sie in ihrer Angst, den Flug nach Detroit zu verpassen, den Mitarbeiter am Schalter angeschrien hatte: „Detroit, Detroit!" Als Araberin war sie auch höchst verärgert, dass sie am Flughafen in einem Wagen befördert wurde, den ein Afroamerikaner fuhr.

Ich wartete am Flughafen in Detroit auf sie und wir fielen uns tränenreich in die Arme. Sie war eine wunderbare Mutter und ich hatte sie zwölf Jahre nicht gesehen. Inzwischen war ich verheiratet, hatte zwei Kinder und zwei akademische Titel. Zwei

Wochen lang redeten wir nahezu ununterbrochen. Sie setzte mich über alles ins Bild, was sich inzwischen in der Familie in Ägypten ereignet hatte und sich nicht per E-Mail hatte mitteilen lassen. Sie hatte viele Jahre lang gehofft, dass ich zurückkehren würde – sowohl zu ihrem Glauben als auch in ihr Haus. Aber nach dieser langen Zeit hatte sie eingesehen, dass meine Konversion zum christlichen Glauben keine Augenblickslaune gewesen war. Wir redeten auch über den christlichen Glauben und sie war recht aufgeschlossen dafür. Ich wies auf ein paar Probleme im Islam hin und sie stimmte mir zu. Aber als es darum ging zu akzeptieren, dass Christus Sohn Gottes und eine Person der Trinität ist, erwiesen sich ihre muslimischen Fundamente als unerschütterlich. Nein. Kein Mensch kann Gott sein. Ausgeschlossen.

Wenn es schon schwer für meine Mutter war, meinen neuen Glauben zu akzeptieren, so war es wohl noch schwerer, meinen neuen Nachnamen gelten zu lassen. Wie konnte ich verleugnen, wer ich wirklich war? Schämte ich mich etwa für sie und ihre Familie? So freundlich, wie ich konnte, erklärte ich ihr, dass mein amerikanischer Nachname die Folge der Tatsache war, dass ich adoptiert worden war. Ich versicherte ihr, dass ich unglaublich stolz auf meine Familie sei und dass sie und meine Geschwister bis zu meinem letzten Atemzug immer meine Familie sein würden.

Meine Mutter und ich redeten den ganzen Tag miteinander – und zwar auf Arabisch. Dass das nicht gerade förderlich für unsere Ehe sein würde, hatte ich zuerst überhaupt nicht im Blick. Aber ich verstand recht bald: Meine Frau zu ignorieren und stattdessen auf Arabisch mit meiner Mutter zu sprechen, war nicht gerade das, was ein Eheberater empfehlen würde. Wenn ich tagsüber meiner Arbeit in der Gemeinde nachging, blieb meine Mutter mit Belinda und den Kindern zu Hause. Meine Mutter konnte kein Englisch und Belinda kein Arabisch. Das Einzige, was meine Frau verstand, war Mutters „tss, tss, tss", wenn sie die Kinder für irgendeine kleine Unart zurechtwies.

Irgendwann wurde mir mein Fehler bewusst und ich ließ die beiden Frauen nicht mehr allein und ohne eine Möglichkeit, sich zu verständigen. Aber wenn ich meine Frau mal aufziehen will, kann ich noch heute mit dem Zeigefinger wackeln und „tss, tss, tss" machen.

Als Mann konnte ich in der Öffentlichkeit nicht mit arabischen Frauen reden. Das war eine Begrenzung in meiner Arbeit. Ich war daher froh, als ich eine neue Kollegin bekam, eine libanesische Christin. Sie war eine Superbegabung in Evangelisation und viele Menschen fanden durch sie zum Glauben an Jesus. Sie besuchte die Frauen zu Hause, wo sie mit ihnen ungestört reden konnte, und sie war absolut unerschrocken, wenn es darum ging, von ihrem Glauben zu sprechen. Dass Frauen oft einen stärkeren Glauben haben als Männer, habe ich immer wieder festgestellt. Inzwischen gibt es in anderen Städten der USA vier weitere Zentren wie unseres in Dearborn, die diese frühere Kollegin gegründet hat.

In meiner Zeit in Dearborn gelang mir auch ein ökumenisches Glanzstück unter den Protestanten: Baptisten, Presbyterianer, Reformierte und Gemeinden der Missionary Alliance arbeiteten zusammen, um unsere Arbeit unter Muslimen zu unterstützen. Ich konnte nur hoffen, dass die muslimische Gemeinschaft angesichts dieser Vielzahl von Denominationen nicht ebenso verwirrt sein würde, wie ich es einst war. Ich war Mitglied im Detroit Leadership Network, einer ökumenischen Gebetsgruppe, zu der auch lokale Politiker, Wirtschaftsleute und Vertreter der Kirchen gehörten. Damals war Michael Guido Bürgermeister von Dearborn. Er war überzeugter Katholik. Statt ihn anzurufen und mit Beschwerden und Problemen zu überhäufen, wie er es meist erlebte, rief ich ihn an und fragte, wie ich am besten für ihn und seine Arbeit beten konnte.

Während des ersten Golfkriegs 1991 war die arabische Gemeinschaft tief gespalten. Juden aus der Synagogengemeinde hatten in den Zeitungen von Detroit und Dearborn ein gut begründetes Positionspapier veröffentlicht, das die israelische Position zu diesem Krieg darlegte. Ich war der Meinung, die arabische Community sollte dasselbe tun. Es wäre zu schön gewesen. Viele von uns verurteilten Saddam Husseins Überfall auf Kuwait. Aber die Jemeniten hassten die Kuwaitis und applaudierten dem irakischen Diktator Saddam Hussein. Bei den Palästinensern stand Hussein, der die Forderung nach einem eigenen Palästinenserstaat finanziell unterstützte, ebenfalls hoch im Kurs. Die Iraker, die in die USA geflohen waren, hassten Saddam, aber sie wollten natürlich auch nicht, dass der Irak angegriffen wurde. Eine unglückliche irakische Mutter hatte einen Sohn in der US-Armee und den anderen in der irakischen Armee. Für die Amerikaner – und auch für mich – war es eine neue Erkenntnis, dass nicht alle Araber politisch im selben Lager stehen.

Hussein ist unter Arabern ein sehr verbreiteter Name, vor allem bei den Schiiten. Der Enkel Mohammeds aus Alis Linie hieß Hussein. Während des Golfkriegs kam es vor, dass Amerikaner sich im Telefonbuch Leute mit Namen Hussein heraussuchten, sie anriefen, beschimpften und fragten, ob sie mit dem Verrückten aus dem Irak verwandt waren. Oder es gab Drohungen für den Fall, dass die Angerufenen die USA nicht verließen. Manche Leute in Dearborn fürchteten sogar, die Araber könnten das Trinkwasser vergiften. Einmal kam das FBI zu mir und wollte wissen, ob ich etwas von einer arabischen Verschwörung wüsste. Nein, ich wusste nichts.

Einmal bat mein muslimischer Freund Muhammad mich um Hilfe für eine Cousine von ihm. Sie lebte gerade in Scheidung von ihrem Mann und fürchtete, sie würde nicht nur ihr Haus, sondern auch ihre Kinder verlieren. Ihr Mann, ein untergeordneter Imam der örtlichen Moschee, versuchte, sie um das Haus zu bringen, indem er angab, dass sie über kein Einkommen verfügte und ihm daher die Kinder und das Haus zugesprochen werden sollten. Aber sie konnte den Betrag einer Monatsrate für die Abzahlung des Hauses aufbringen. In diesem Fall würde das Sozialamt die weiteren Raten übernehmen. Wir halfen ihr finanziell wieder auf die Beine und sie konnte die Kinder und auch das Haus behalten.

Ihr Ex-Mann war darüber natürlich nicht erfreut. Er wusste, dass ich an der Sache beteiligt gewesen war. Irgendwann fing er an, Gerüchte über seine Frau und mich in die Welt zu setzen. Sie waren völlig aus der Luft gegriffen. Aber ich wusste, wie leicht solche Funken einen Flächenbrand auslösen konnten. Ich achtete darauf, dass ich nie allein mit ihr war – oder überhaupt allein mit einer Frau. Diese Frau besuchte meine Frau und die Kinder häufig und erlebte, wie wir als Ehepaar miteinander umgingen.

Trotzdem wurde aus den vereinzelten Gerüchten ein loderndes Feuer. Ich musste etwas tun, wenn ich nicht zulassen wollte, dass mein Ruf beschädigt würde – was außerdem auch das Ende der Gemeinde bedeutet hätte. Ich ging zum leitenden Imam der Moschee und sagte zu ihm: „Hören Sie, vergessen wir mal unsere unterschiedlichen Religionen. Ich weiß, Sie sind Imam, und Sie wissen, ich bin christlicher Pastor. Aber unter uns als Araber: Gibt es irgendetwas, das wichtiger ist, als die Ehre des eigenen Namens zu bewahren?"

Nein, gebe es nicht, stimmte er mir zu. Damit hatte ich auch gerechnet. In der arabischen Kultur gilt eine Verletzung der Ehre als das Schlimmste, was einem passieren kann.

„Ihr junger Kollege hier, ein Imam dieser Moschee, verbreitet Lügen über mich", sagte ich. „Er beschmutzt meinen Namen in der gesamten arabischen Gemeinschaft. Sie wissen, wie er mit seiner Frau umgegangen ist, Sie wissen, dass er versucht hat, sie um die Kinder und das Haus zu bringen. Bitte sorgen Sie dafür, dass diese Gerüchte enden, bevor sie unser Leben zerstören."

Ich weiß nicht genau, was dieser Imam seinem jungen Kollegen gesagt hat, aber die Gerüchte fanden ein abruptes Ende. Und nicht nur, dass die negativen Stimmen verstummten; bald gab es die ersten positiven Kommentare über den verrückten ägyptischen Pastor, der sich mehr um die Familie des Imams sorgte als der Imam selbst. Ich fühlte mich wie Josef, der zu seinen Brüdern sagt: „Ihr wolltet mir Böses tun, aber Gott hat Gutes daraus entstehen lassen" (1. Mose 50,20). Statt dass mein Name in der ganzen Nachbarschaft durch den Dreck gezogen wurde, wurde mein Name – und, was wichtiger ist, der Name Christi – nun respektvoll genannt.

Zur der Feier des Opferfestes im Ramadan *(Id al-Fitr)* schenkte mir der leitende Imam in diesem Jahr einen wunderschönen Koran in Arabisch und Englisch. Ich revanchierte mich im folgenden Jahr zu Thanksgiving mit einem Truthahn, natürlich *halal,* und einer Bibel in Arabisch und Englisch. Er hatte mir zuerst ein kostbares Geschenk gemacht und so nahm er mein Gegengeschenk dankbar an. Er ist kein Christ geworden. Aber er ist ein Beispiel dafür, dass Muslime in der westlichen Welt durchaus gute Beziehungen zu Christen haben können.

Auch mein Bruder Yasser besuchte uns in Dearborn. Er war in seiner medizinischen Laufbahn inzwischen recht erfolgreich und Geld spielte für ihn keine Rolle. Da er mein ältester Bruder war, fühlte er sich dafür verantwortlich, dass ich Christ geworden war – er war damals schließlich der Haushaltsvorstand gewesen. Sein Besuch hatte also einen bestimmten Zweck: Er wollte mich nach Hause holen und für den Islam zurückgewinnen. Er brachte mir vier Bücher mit, alles muslimische Angriffe auf den christlichen Glauben. Aber bevor er noch Gelegenheit hatte zu versuchen, mich umzustimmen, erlitt er einen Herzinfarkt. Der Notarzt kam und brachte ihn ins nächste Krankenhaus. Ich blieb die Nacht bei ihm. Es war mir eine Ehre, für meinen älteren Bruder zu sorgen. Belinda war ebenfalls dort, sie wusch und umsorgte ihn. Er war sichtlich gerührt, aber nicht so sehr, dass er weiter nach dem christlichen Glauben gefragt hätte.

Zurück in Ägypten suchte er weitere medizinische Hilfe für sein Herz. Als Chefarzt einer Kairoer Klinik kannte er etliche Herzspezialisten von Weltformat. Darunter war Magdi Yacoub, Ägypter und koptischer Christ. Weil er als Christ in Ägypten beruflich nicht vorankommen konnte, war Yacoub nach England ausgewandert. Dort hatte er sich so große Verdienste erworben, dass ihm von der Queen der Adelstitel verliehen wurde. Mein Bruder hatte ihn schon gelegentlich zu Seminaren oder Kongressen nach Ägypten eingeladen. Als Yasser nun erfuhr, dass er eine dreifache Bypassoperation brauchte, flog er nach England und ließ sich von seinem Freund Magdi operieren.

Wie man am Beispiel meiner Familie sieht, gibt es heute weit mehr Kontakte zwischen Muslimen und Christen als lange Jahrhunderte zuvor. Und diese Kontakte zwischen Christen aus dem Westen und arabischen Muslimen werden weiter zunehmen. Ja, in manchen Gegenden der USA gibt es kaum Muslime. Aber diese Gegenden sind seltener, als man vermuten würde. Muslime findet man an allen großen Universitäten und in allen internationalen Konzernen. Und in manchen Gegenden sind die Muslime sogar in der Mehrheit, wie in Dearborn. Ich hoffe, dass sich in den USA die Angst vor Muslimen nicht ausbreitet, dass man sie nicht unter generellen Terrorverdacht stellt. Nein, ich bete dafür, dass muslimische Menschen bei den amerikanischen Christen offene Herzen und offene Häuser vorfinden.

1
Der Westen und die arabische Welt

Irgendwann nach den Ereignissen vom 11. September 2001 reiste ich aus England zurück in die USA. Ich war schon gelandet und fuhr einen Wagen, den mir jemand aus der Nachbargemeinde geliehen hatte. Dann bemerkte ich einen Polizeiwagen hinter mir. Mir brach der Schweiß aus.

Das Blaulicht leuchtete auf und ich fuhr an den Straßenrand. Der Beamte sagte mir, das Nummernschild sei nicht mehr gültig. Dann fragte er nach meinem Führerschein. Ich zeigte ihm das Dokument, das er ausgiebig studierte. Inzwischen war ich klitschnass. Er wollte Versicherungsschein und Zulassung sehen. Ich konnte die Papiere nicht finden. Der Schweiß floss in Strömen. Ich war Araber, ich fuhr ein Auto, das mir nicht gehörte, hatte einen amerikanischen Namen im Führerschein stehen und konnte weder Versicherung noch Zulassungsnachweis vorweisen. Und das kurz nach dem 11. September. Was stand mir bevor? Deportation? Gefängnis? Verhöre durch die CIA?

Wie durch ein Wunder glaubte der Polizist mir etwas von meiner Geschichte und ich kam mit einem Bußgeld wegen Fahrens mit ungültigem Nummernschild davon. Als ich meinem Freund seinen Wagen zurückbrachte, entschuldigte er sich, dass er vergessen hatte, die Papiere ins Handschuhfach zu tun – aber dann lachte er lange und genüsslich, auf meine Kosten.

In meinen Augen waren die Anschläge vom 11. September ideologisch motiviert. Man muss sich nur ansehen, was diese Flugzeuge zerstörten. Die Zwillingstürme waren Hochburgen des Kapitalismus; viele mächtige Finanzinstitutionen hatten hier ihren Sitz. Außerdem war das Pentagon ein Ziel, die Kommandozentrale des US-amerikanischen Militärs. Das Flugzeug schließlich, das in Pennsylvania zum Absturz gebracht wurde, sollte das Weiße Haus treffen – *den* Ort, an dem sich die politische Macht der USA manifestiert. Al-Qaida wollte unterstreichen: „Wir hassen die Tatsache, dass ihr Macht über uns habt." Und damit sprachen sie vielen Arabern aus der Seele.

Der Westen und vor allem die Vereinigten Staaten hat militärische, politische, mediale, technologische und ökonomische Macht über den größten Teil der Welt. Für Araber, die mit Geschichten aus dem Goldenen Zeitalter des Islam aufwachsen, ist die Tatsache, dass sie heute unter drittklassigen Bedingungen in den ärmsten Ländern der Welt leben, beschämend. Fünfmal am Tag hören sie den Gebetsruf: „Eilt zum Gebet! Eilt zum Heil (oder: Erfolg)!" und sie fragen sich, was schiefgegangen ist. Sie glauben, dass Allah der einzige und wahre Gott ist und dass die, die sich zu ihm bekennen, deshalb unter allen Völkern die wohlhabendsten sein sollten. Aber die westlichen „christlichen" Völker sind ganz eindeutig erfolgreicher als islamische Länder – eine Quelle dauernder Erniedrigung. Aus diesem Grund haben viele Araber am 11. September gejubelt – sie hatten das Gefühl, dass die Arroganz und die Macht des Westens endlich einmal in ihre Schranken gewiesen worden waren.

Der 11. September lag schon einige Jahre zurück, als ich von einer amerikanischen Christin gefragt wurde: „Warum sollten wir den Arabern helfen? Sie wollen uns töten." Ich war innerlich hin- und hergerissen. Als Araber schämte ich mich dafür, dass meine Leute tatsächlich unschuldige Amerikaner umbrachten. Ich hasste es, dass ich in den USA als mutmaßlicher Terrorist gelten könnte, nur weil ich Araber bin. Als ich die ersten Bilder von den Flugzeugen in den Zwillingstürmen gesehen hatte, war mein spontaner Gedanke gewesen: „Ich hoffe, das haben keine Araber getan." Aber es waren Araber und sie haben damit die Geschichte des Westens und des Nahen Ostens unwiderruflich verändert.

Ich hoffe natürlich, dass auch Amerikaner erkennen: Nicht alle Araber vertreten dieselbe politische Position. Nicht alle Araber haben die Terroranschläge bejubelt und die meisten beneiden den Westen eher, als dass sie ihn hassen. Araber haben keine größere genetische Veranlagung zur Gewalt als Norweger, Amerikaner oder Spanier. Zugegeben, der *Dschihad* gehört von Anfang an zur Tradition des Islam. Aber die Mehrheit der Muslime hält den Dschihad als bewaffneten Kampf in den allermeisten Fällen nicht für geboten. Außerdem kann der Begriff auch anders verstanden werden: als innerer Kampf, den jeder Gläubige zu kämpfen hat. Die Extremisten, die junge Araber zu Selbstmordattentätern machen, missbrauchen die Tradition des Dschihad.

Auf die Frage jener Frau damals, warum wir den Arabern helfen sollten, sie wollten uns doch töten, antwortete ich: „Jesus verlangt von uns, dass wir unsere Feinde lieben. Auch wenn jemand uns verfolgt oder feindlich gegenübertritt, sollen wir ihm trotzdem mit Liebe begegnen."

Das Evangelium wurde selten zu denen gebracht, die Christus bereits liebten. Weitaus häufiger wird es seinen Feinden verkündet. Viele Missionare haben dafür gelitten, viele sind auch zu Märtyrern geworden. Aber die meisten Nordamerikaner denken nicht gern daran, dass für viele christliche Missionare in anderen Teilen der Welt Verfolgung längst ein Teil der Realität geworden ist.

Die Kirche im Westen scheint die Bereitschaft verloren zu haben, für Christus und seine Sache zu leiden. Sie hat vergessen, dass Verfolgung für Christen eine normale Erfahrung ist.

Jesus hat selbst gesagt, dass für die, die wegen des Evangeliums Familien und Heimat zurücklassen, Verfolgung an der Tagesordnung sein wird (Markus 10,29-31). Auch Paulus schrieb: „Wir (sind) Gottes Kinder. Wenn wir aber Kinder sind, sind wir auch Erben – Erben Gottes und Miterben mit Christus. Dazu gehört allerdings, dass wir jetzt mit ihm leiden; dann werden wir auch an seiner Herrlichkeit teilhaben" (Römer 8,16-17). Aber viele westliche Christen scheinen zu glauben: Wenn jemand leidet, weil er an Christus glaubt, dann ist das unnormal und sollte sofort beendet werden. Nein. Leiden gehört in vielen Teilen dieser Welt zum christlichen Leben dazu. Westliche Christen könnten von ihren arabischen Brüdern und Schwestern eine Menge darüber lernen, welchen Preis es hat, Christus zu folgen.

Araber, die in den USA leben, haben meist Verwandte in ihren Herkunftsländern, mit denen sie engen Kontakt halten. Alles, was im Nahen Osten passiert, beeinflusst sie unmittelbar. Viele Muslime schämen sich zutiefst über die Gewalt, die Muslime gegen Menschen im Westen, aber auch untereinander ausüben. Sie sahen, dass al-Qaida mehr Muslime tötete als Nichtmuslime. Sie sahen, wie Sunniten und Schiiten sich im Irak-Iran-Krieg mit Giftgas umbrachten und sich später im Irak nach dem Sturz von Saddam Hussein in einen Bürgerkrieg verstrickten. Sie hören vom Krieg zwischen Sunniten und Schiiten in Syrien. Sie wissen, dass Muslime sich untereinander bekämpfen und hassen, und das nicht erst seit heute. Nach dem Arabischen Frühling hatten sie nicht nur den Verdacht, sondern erhielten Beweise, dass ihre Staatsführer brutal oder korrupt waren. Sie wissen, dass viele Muslime von ihren eigenen Regierungen unterdrückt werden.

Zum Vergleich: Araber in den Vereinigten Staaten können nicht übersehen, dass die USA keinen Krieg gegen die eigene Bevölkerung führen und im Grundsatz versuchen, auch die Ärmsten zu unterstützen. Sie sehen, dass die Dinge in Amerika funktionieren: Straßen werden repariert, Geschäfte werden ohne Bestechung abgeschlossen, Familien leben friedlich zusammen. Die meisten Araber in den USA sind froh, dass sie hier leben.

Und doch leben Muslime in westlichen Gesellschaften oft

genug zwischen zwei Welten. Sie passen nicht wirklich in die westliche Kultur und wollen das oft genug auch gar nicht. Sie möchten ihre arabische und muslimische Identität bewahren und ihren klaren Minderheitenstatus erhalten. Das führt dazu, dass sie nicht selten konservativer sind als ihre Glaubensbrüder und -schwestern, die im Nahen Osten geblieben sind.

Ich habe einmal einen Besuch bei einem amerikanischen Muslim gemacht, der unser Video „Die Liebe Gottes" gesehen hatte. Der Film hatte ihm gefallen und er wollte mehr über den christlichen Glauben wissen. Während ich in seinem Haus war, kam ein Cousin aus dem Nahen Osten zu Besuch. Als dieser Cousin mitkriegte, worüber wir sprachen, begann er Koranverse zu zitieren (ziemlich laut), die sich gegen das Christentum wandten. Mein Freund war zwar kein Christ, aber er stand auf und berichtete seinem Cousin von dem, was er in unserem Video gesehen und verstanden hatte. Er war ein sehr konservativer Muslim, aber er ließ nicht zu, dass ein Freund, in diesem Fall ich, in seinem Haus beleidigt wurde.

Im Allgemeinen scheuen die Vereinigten Staaten ebenso wie die europäischen Länder eine Konfrontation mit dem Islam. Die politisch korrekte Forderung der Toleranz erstickt einen wirklichen Dialog und jede ehrliche Kritik. In den Schriften einiger heutiger arabischer Denker, zum Beispiel bei Edward Said († 2004) wird jede berechtigte historische und literarische Kritik am Islam behandelt, als sei es rassistische Propaganda. Sehr rasch ist man auch gegen jeden, der den Islam kritisiert oder hinterfragt, mit dem Stichwort „islamophob" bei der Hand – selbst gegenüber einem arabischen Ex-Muslim wie mir. Die Geschichte des Islam wird auf eine Weise neu geschrieben, die ihre blutigen und ungerechten Aspekte ausklammert; darunter auch die verbreitete Entwürdigung der Frauen.

Einige neuere Übersetzungen des Korans mildern die gewaltsamen und sexistischen Passagen ab. Renommierte Universitäten in den USA und Europa richten Lehrstühle für Islamwissenschaften ein, die teilweise von reichen Muslimen finanziert werden. Die Dozenten auf diesen Positionen präsentieren dem

Westen ein weichgezeichnetes Bild des Islam. Es ist eine traurige Ironie: Die Kulturen des Westens haben Kriege geführt und enorme Schlachten geschlagen, um Grundrechte wie Rede-, Gewissens- und Religionsfreiheit zu erstreiten. Aber sie nutzen diese Freiheiten nicht für eine kritische und offene Auseinandersetzung mit dem Islam.

Ein kleines Beispiel dafür, wie Freiheit sich nur in einer Richtung ausbreitet, ist die Fordson Highschool in Dearborn. Während wir dort lebten, wuchs der Anteil der muslimischen Schüler an der Schule ständig und sie wurden von der Minderheit zur Mehrheit. Als die Muslime noch in der Minderheit waren, bot die Mensa islamisch erlaubtes Essen für die muslimischen Schüler an. Als die Muslime die Mehrheit hatten, verlangten sie, dass nur noch islamisch korrektes Essen angeboten wurde. Außerdem verboten sie jeden Sport am Freitag. Die Angloamerikaner, die jetzt in der Minderheit waren, mussten sich den muslimischen Regeln im Blick auf das Essen und den muslimischen Feiertag beugen.

Die amerikanischen Medien sind auch nicht gerade eine Hilfe. Muslime und Araber kommen darin entweder als Terroristen oder als steinreiche Scheichs mit einem großen Harem vor. Die Medien bieten ihren Zuschauern ein verzerrtes Bild vom Islam. Ich war überrascht, als ich erfuhr, dass die wenigsten Amerikaner das Wort Koran (Qur'an) buchstabieren, die fünf Säulen des Islam benennen oder sagen können, wann der Prophet Mohammed gelebt hat. Ich weiß nicht, wer das gesagt hat: „Wenn du glaubst, Bildung sei teuer, schau erst mal, wie teuer Ignoranz ist." Im Blick auf Amerikas Ignoranz gegenüber dem Islam ist der Satz jedenfalls nur allzu wahr.

Und das, obwohl der Islamismus die USA herausgefordert hat und das auch weiter tun wird. Der radikale Islam möchte zurück ins vermeintlich Goldene Zeitalter des Islam. Säkularisierung und Christianisierung gelten ihm als gleichermaßen furchtbar wie häretisch. In diesem Sinn ist der radikale Islam eher vereinbar mit dem Koran und den *Hadithen* als ein modernisierter Islam. Die Extremisten wollen, dass alles im Leben vom Islam bestimmt wird, so wie im Goldenen Zeitalter. Damals, zur Blütezeit des Islam um 750-1258 n. Chr., war das Scharia-Gesetz auch das juristische Gesetz des Arabischen Reiches, die Herrscher waren muslimische Kalifen und die Imame legten das Gesetz für das ganze Volk aus. Es gab nur einen Gott und nur ein Gesetz im Land. Die Dschihadisten von heute sind bereit zu sterben, um diese „gute alte Zeit" wieder heraufzuführen. Genau das ist oft genug ihr Programm: „Kommt zurück zum wahren Glauben!"

Während des Arabischen Frühlings war die ägyptische Demokratiebewegung enttäuscht, dass die USA so lange brauchten, um ihr zu Hilfe zu kommen. Präsident Obama hat Präsident Mubarak noch unterstützt, als das Volk schon lange seine Amtsenthebung forderte. Mein Bruder Muhammad stand mit den Demonstranten auf dem Tahrir-Platz und bekam die antiamerikanische Stimmung hautnah mit. Die mangelnde Unterstützung des Westens hat unseren Verdacht bestätigt, dass die Vereinigten Staaten und Europa mehr an ihrem eigenen Wohlstand und an Zugängen zum Öl interessiert sind als an Gerechtigkeit und Demokratie für alle.

Amerikanische Politiker und sogar Präsidenten sind oft genug uninformiert, was den Islam angeht. So machte etwa am 17. September 2001, als der Rauch noch über den Trümmern des World Trade Centers hing, Präsident George W. Bush die unglaubliche Aussage: „Islam heißt Frieden." Das ist schlicht nicht wahr. *Islam* heißt „Unterwerfung" und oft genug eine Unterwerfung der erzwungenen Art.[24] Wie konnte ein amerikanischer Präsident so etwas sagen, eine Woche, nachdem er die Zwillingstürme hatte einstürzen sehen? Hat er je mehr als eine Seite der Geschichte des Islam gelesen? Der militärische Dschihad hat zur Geschichte des Islam gehört, seit Mohammed von Mekka nach Medina zog und begann, gegen die Araber, Juden und Christen in der Umgebung zu kämpfen, die seine politisch-religiöse Autorität nicht anerkennen wollten.

Auf der einen Seite verkündeten die USA, „Islam" heiße Frieden. Auf der anderen Seite lieferten sie muslimische Kriegsgefangene an Staaten aus, die Folter praktizieren. Die ägyptische Geheimpolizei und ähnliche Organisationen haben wenig Skrupel, wenn es um Folter geht. Gefangene aus dem Irak und Afghanistan wurden allem Anschein nach in diese Länder „outgesourct", wo dann die Drecksarbeit erledigt wurde. Und natürlich hat das einen Einfluss darauf, wie Muslime den Westen und seine Religion sehen. Für Muslime ist der Westen christlich und dabei dekadent, arrogant und gewalttätig. Im Gegensatz dazu sehen sie sich selbst als die Frommen, die in Demut den Willen Gottes suchen und tun.

All diese kulturellen und politischen Erfahrungen und Klischees zwischen Muslimen aus dem Nahen Osten und Christen aus der westlichen Welt führen dazu, dass missionarische Fortschritte meist nur sehr langsam zu erzielen sind. So war es jedenfalls bei uns. Mir war klar: Bevor ich evangelisierte, musste ich Beziehungen aufbauen. Und das braucht Zeit. Unglücklicherweise glaubte die Organisation, für die ich arbeitete, an die „Drei *Selbst*verständlichkeiten" für missionarische Gemeindegründungen: Eine solche Gemeinde sollte sich innerhalb von fünf Jahren *selbst* tragen, *selbst* verwalten und von *selbst* wachsen. Aber nach fünf Jahren war die Arbeit, die ich in Dearborn begonnen hatte, dazu noch nicht in der Lage und die Dachorganisation beendete meinem Dienst dort. (Später aber nahmen andere den Faden wieder auf und setzten diese Arbeit fort. Sie besteht heute unter einem anderen Namen.)

Genau zu diesem Zeitpunkt suchte der internationale Direktor von Arab World Ministries (AWM), Dr. Ray Tallman, den ich aus Chicago kannte, einen Mitarbeiter mit Kenntnissen und Erfahrungen in der arabischen Welt für die Ausbildung seiner Missionare. Gefragt waren eine theologische Ausbildung und ein solides Verständnis des Islam und der arabischen Kultur. Sein Team war skeptisch, ob jemand mit einem solchen Profil zu finden wäre. Aber Dr. Tallman kannte mich von meiner Zeit in Chicago gut. Er wusste, dass ich in der amerikanischen Kirche einen guten Ruf hatte (und mein Englisch inzwischen deutlich besser war). Er hatte mich im Blick behalten. Jetzt kam er mich in Dearborn besuchen. Nach einem Bewerbungsgespräch vor sechs Vertretern von Arab World Ministries wurde ich einstimmig gewählt. Ich sollte ihr Islamexperte werden und Missionaren aus dem Westen helfen, den Islam und die arabische Welt zu verstehen.

Belinda und ich fragten Gott, ob das unser Weg sei. Ich hatte Sorgen, dass wir nicht genügend Unterstützer finden würden, um den Umzug nach London zu finanzieren. Um unsere Finanzen aufzubessern, putzte ich in Detroit Büroräume und Toiletten. Wir boten unser Haus in Dearborn zum Verkauf an und hatten innerhalb von fünf Tagen fünf Interessenten. Aber wir brauchten noch für zwei Monate eine Unterkunft. Also mieteten wir unser eigenes Haus von den neuen Besitzern. Dass so rasch ein sehr gutes Angebot für das Haus gekommen war, sahen wir als ein Zeichen Gottes an: Geht nach London.

Die Dearborner Gemeinde, die uns unterstützte, gab uns ein großzügiges finanzielles Abschiedsgeschenk mit, das unsere Familie finanziell über Wasser hielt. Und wir hatten Frieden über dieser Entscheidung für einen Neuanfang. Die großartige Gemeinde aus Dearborn unterstützt uns bis heute.

8
Reisen und viele Gespräche

Unser Umzug nach England fand 1996 statt. Nathaniel war vierzehn und Rebecca zwölf. Vorübergehend wohnten wir zwei Stunden südlich von London in einer Mietwohnung, bis wir in ein eigenes Haus in Worthing ziehen konnten. Eine Unterstützerin der Mission gab uns genug Geld für die erforderliche Anzahlung auf das Haus. Ihr Mann war Banker in London und Hongkong und sie hatten keine Kinder.

Rebecca hatte sich anfangs gegen den Umzug gesträubt, aber als wir erst einmal in England waren, gewöhnte sie sich schnell ein. Wir hatten ihr versprochen, sie würde in England einen Hund bekommen. Und den bekam sie auch. Nathan und Becky gingen auf christliche Schulen, Nathan in eine Jungen-, Becky in eine Mädchenschule. Beide mussten sich daran gewöhnen, Schuluniformen zu tragen.

Wir besuchten verschiedene Gemeinden in der Umgebung. Aber wir wollten nicht in der Gemeinde wieder mit den vielen amerikanischen Familien zusammen sein, die für Arab World Ministries arbeiteten. So schlossen wir uns einer etwas weiter entfernten anglikanischen Gemeinde an, zu der auch viele Familien gehörten, deren Kinder mit unseren zur Schule gingen. Es war eine gute Gemeinde und vierzehn Jahre lang war sie unser geistliches Zuhause.

Ich arbeitete in der Gemeindeleitung mit und predigte drei- oder viermal im Jahr. Weil den Sakramenten in der anglikanischen Kirche ein hoher Stellenwert beigemessen wird, durfte ich das Abendmahl nicht austeilen. Aber wir fanden viele Freunde in der Gemeinde und unsere Kinder wurden in dieser Gemeinschaft erwachsen. Umgekehrt konnten wir dort, aber auch in anderen Gemeinden im Umkreis das Interesse an der Missionsarbeit unter Muslimen fördern und verstärken. Die britische Regierung allerdings teilte dieses Interesse nicht. In ihren Augen verstießen unsere evangelistischen Bemühungen unter der muslimischen Bevölkerung gegen den strikten Toleranzkurs, mit dem die meisten Briten aufgewachsen waren.

Ich sprach bei Konferenzen und Evangelisationsveranstaltungen in Holland, Deutschland, Schweden und überall sonst, wo es arabische Einwanderer gab. Manchmal war ich stunden- oder tagelang im Gespräch mit europäischen Muslimen überall in Europa. Hin und wieder stieß meine Botschaft auf Ablehnung bei den Konferenzteilnehmern, die den Islam nicht kritisiert sehen wollten. Aber oft waren die muslimischen Zuhörer interessiert an dem, was ich zu sagen hatte. Ich war immer auf jede Art von Fragen vorbereitet und betrachtete jede Frage als legitim. Wenn ich Fragen über den Islam und den christlichen Glauben beantwortete, bezog ich mich ganz bewusst nur auf die allgemein anerkannten und renommierten Quellen des sunnitischen und schiitischen Islam. Im Islam gelten manche *Hadithe* mehr als andere; in diesem Fall wählte ich nur solche als Argument aus, die von den höchsten islamischen Autoritäten anerkannt waren. Es war nicht ungewöhnlich, dass auf einer solchen Konferenz, die meist fünf Tage dauerte, 150 bis 250 Muslime zu Christus fanden.

Das war gewaltig. Es war und ist das Highlight meines Lebens. Gott hat mir die Gelegenheit gegeben, Hunderte von Muslimen zum Glauben an Christus zu führen. Ich weiß: Viele Missionare arbeiten Jahrzehnte unter Muslimen, ohne je eine Frucht ihrer Arbeit zu sehen. Dass meine Verkündigung auf ein solches Echo stieß, zeigt aber, dass viele Muslime hungrig sind nach Christus, auch wenn sie es meist nicht eingestehen. Aber in Europa können sie gezielt den Kontakt mit Christen suchen und Fragen stellen, auch über den Islam, die sie im Nahen Osten nicht zu äußern wagen würden.

Meine Aufgabe bei Arab World Ministries erlaubte mir nicht nur Reisen in den Nahen Osten, sondern sie verlangte sie. Ich sollte alle Missionare unterstützen, die Arab World Ministries ausgesandt hatte. Einige traf ich während ihres Heimaturlaubs in London, andere bei Seminaren im Nahen Osten und in Nordafrika. Die meisten arbeiteten mit regionalen Kirchen oder Gemeindeverbänden zusammen. Ich unterrichtete sie im Islam und in der arabischen Kultur, um ihnen zu zeigen, wie man vorgehen muss, um Beziehungen zu Muslimen und zu Arabern aufzubauen.

Für mich war das eine großartige Gelegenheit, auch selbst Neues zu lernen. In Dearborn hatte ich viel über den schiitischen Islam gelernt – durch persönliche Erfahrung ebenso wie durch Studium. Auf meinen Reisen zwischen London und allen möglichen Orten im Nahen Osten entdeckte ich nun, wie groß und vielfältig die Welt des Islam ist. So ist im nordafrikanischen Mauretanien die Bevölkerung etwa zur Hälfte arabisch, zur

Hälfte schwarzafrikanisch. Alle sind Muslime. Aber die beiden Bevölkerungsgruppen heiraten nicht untereinander, besuchen getrennte Moscheen und haben meist nicht viel miteinander zu tun. Sie haben zwar eine gemeinsame Religion und eine gemeinsame Nationalität, aber die ethnische Zugehörigkeit trennt sie. Und so ist es in vielen arabischen Ländern.

Mir ist bewusst, dass auch der Westen nicht frei von Rassismus ist. Aber die christliche Gemeinde kann es sein. In Christus gibt es „weder Grieche noch Jude, Sklave noch Freie, Mann noch Frau"; alle sind eins in Christus. Selbst die Kritiker des Christentums müssen anerkennen, dass es sich rund um den Globus verbreitet hat und inzwischen Menschen aller Rassen, Sprachen und Kulturen verbindet.

In meinen Kursen vermittelte ich den Missionaren, was man in einer muslimischen Kultur tut und was nicht. Ich betone immer den Respekt für den Islam und die muslimischen Gläubigen. Man darf ihren Glauben nicht direkt infrage stellen. Ich habe dazu ermutigt, statt durch Streitgespräche lieber durch tätige Liebe zu überzeugen. Unsere Kollegen sollten die Liebe Gottes zu den Menschen bringen. Das widerspricht zwar der westlichen Vorliebe für Diskussionen, in denen man dem anderen beweist, wo er falschliegt. Ein solcher Ansatz würde von Muslimen jedoch als Beleidigung empfunden und führt so gut wie nie dazu, dass jemand zu Christus findet. Muslime sehen den Westen als islamfeindlich und sind extrem empfindlich, wenn sie den Eindruck haben, man behandle sie geringschätzig oder beleidigend. Viel fruchtbarer ist es dagegen, wenn man ihnen die Liebe von Jesus demonstriert – indem man sie einlädt, kennenlernt und an ihrem Leben, ihrer Familie, ihren Sorgen Anteil nimmt.

Während wir in England lebten, wurde im Juni 2007 Salman Rushdie von Queen Elisabeth geadelt. Rushdie hat viele literarische Preise gewonnen, darunter auch den renommierten Booker Prize. Als Inder gehörte er zum britischen Empire. Er war in einer muslimischen Familie aufgewachsen, hatte sich aber später von der Religion entfernt. Das Buch, für das er berühmt-berüchtigt ist, *Die satanischen Verse,* erschien 1988. Rushdie hat diesen Titel nicht aus der Luft gegriffen. Die Verse, auf die er sich bezieht, stehen heute nicht im Koran; aber in Sure 53 gibt es einen Hinweis darauf. Führende muslimische Wissenschaftler erkennen sie an (etwa Al-Waqidi und Al-Tabari). Darin wird von einer Zeit berichtet, in der Mohammed versucht war, die polytheistischen Götter der Quraysh, seines früheren Stammes, zu verehren. Die Quraysh verlangten von Mohammed: Wenn sie den von Mohammed verkündeten Allah anbeteten, müsse er, Mohammed, zu ihren drei arabischen Göttinnen beten: Al-Lat (das weibliche Gegenstück zu Allah), Al-Uzza und Manat.

Mohammed ließ sich darauf ein. Die Quraysh waren begeistert. Jetzt sah es doch so aus, als sei eine Versöhnung zwischen Mohammed und dem Stamm, dem er sich entfremdet hatte, möglich. Aber in einer späteren Vision tadelte der Engel Jibril (Gabriel) Mohammed dafür, dass er vom strengen Monotheismus abgefallen war, und befahl ihm, nie wieder irgendetwas oder irgendjemanden als Gott anzuerkennen außer Allah. Mohammed strich daraufhin die entsprechenden Verse aus dem Koran.

Eine spätere Vision erklärt, was passierte, als der Prophet die versucherischen satanischen Verse empfing: „Und Wir schickten vor dir keinen Gesandten oder Propheten, dem, wenn er etwas wünschte, Satan seinen Wunsch nicht durchkreuzte. Doch Allah macht zunichte, was Satan unternimmt. Dann setzt Allah Seine Zeichen ein. Und Allah ist allwissend, allweise" (Sure 22:52).

Das besagt, dass frühere Propheten von Satan in die Irre geführt worden waren. Noch mehr: Der Vers scheint nahezulegen, dass die satanische Versuchung Mohammeds Status als wahrer Prophet eher untermauert und ihn aufwertet. Außerdem dient er als Beispiel für das Auslegungsprinzip, nach dem im Zweifelsfall ein späterer Koranvers einen früheren aufhebt. Dieser Text stellte für islamische Ausleger lange Zeit ein Problem dar: Er stellt Fragen über die Echtheit von Mohammeds Monotheismus, über das Wesen der Offenbarung im Koran und über die Fähigkeit des Propheten, zwischen wahrer und falscher Offenbarung zu unterscheiden.

Rushdie macht diese hochproblematische Episode der islamischen Geschichte zum Kernstück seines Romans. Die Hauptfigur in *Die satanischen Verse* erlebt eine Reihe von Visionen, genau wie Mohammed. In den Visionen begegnen ihm eine heidnische Prinzessin, ein radikaler Skeptiker und ein satirischer Dichter – Parallelen zu den drei Göttinnen der Quraysh.

Der satirische Dichter betritt ein Bordell mit Prostituierten, die die Namen der Frauen des Propheten Mohammed tragen – ein klares Sakrileg. In einem Traum empfängt ein Bauernmädchen den Befehl, mit ihrer Sippe über das Arabische Meer zu fahren und eine Pilgerfahrt nach Mekka zu machen. Während der Überfahrt verschwinden die Menschen und es bleibt unklar, ob sie ertrinken oder vielleicht auf wundersame Weise nach Mekka entrückt werden – vielleicht eine ironische Anspielung auf die geheimnisvolle nächtliche Reise Mohammeds nach Jerusalem. Ein weiterer Traum dreht sich um einen verdrießlichen Imam, der eine unheimliche Ähnlichkeit mit Ayatollah Khomeini aufweist.

Mit dem Koran ironisch oder satirisch umzugehen, das wird im Islam, gelinde gesagt, nicht geschätzt.[25] Auf Blasphemie steht die Todesstrafe. Irgendetwas Negatives über den Propheten zu sagen, ist verboten, ganz besonders für Nichtmuslime. Rushdie hatte also die unverzeihliche Sünde begangen. 1989 verkündete Ayatollah Khomeini ein Todesurteil gegen Rushdie, Khomeinis Nachfolger haben das Urteil mehrfach bekräftigt. Rushdie lebte im Untergrund in England und später in den USA, aber andere, zum Beispiel einer seiner Übersetzer, wurden getötet. Der folgende Bericht hält fest, wie viele Tote die Veröffentlichung der *Satanischen Verse* zur Folge hatte: „Rushdie erhielt Personenschutz, was ihn vor physischem Schaden bewahrte. Aber andere, die an der Veröffentlichung beteiligt waren, wurden Opfer von Gewalt. Auf mehrere Übersetzer des Buchs wurden Anschläge verübt. Der italienische Übersetzer Ettore Capriolo wurde am 3. Juli 1991 in seiner Wohnung in Mailand durch Stiche verletzt und der japanische Übersetzer Hitoshi Igarashi am 11. Juli 1991 im Gebäude seines Büros an der Universität Tsukuba erstochen. Der norwegische Verleger, William Nygaard, wurde im Oktober

1993 in Oslo durch Schüsse schwer verletzt, überlebte aber den Anschlag. Die Ereignisse, die in Sivas in der Türkei am 2. Juli 1993 zu dem Massaker von Sivas mit 37 Toten führten, zielten höchstwahrscheinlich auf Aziz Nesin, den türkischen Übersetzer.

Ich konnte in England die Auswirkungen der Veröffentlichung der *Satanischen Verse* auf die muslimische Gemeinschaft beobachten. Und ich konnte sowohl die westliche als auch die islamische Perspektive darauf nachvollziehen. Rushdie ist eine große Gestalt der englischen Literatur des zwanzigsten und einundzwanzigsten Jahrhunderts. Für sein literarisches Werk wurde er zu Recht von westlichen Staaten geehrt und ausgezeichnet. Auf der anderen Seite konnte ich auch verstehen, dass es für Muslime absolut inakzeptabel war, dass jemand dafür ausgezeichnet wurde, dass er den Propheten kritisierte – mehr noch, dass er den Propheten verspottete. Während die Briten einen bedeutenden Literaten würdigen wollten, sahen die Muslime in der Auszeichnung für einen verachteten Häretiker eine Schande für die ganze muslimische Welt.

Es ist eine Ironie des Schicksals, dass der Iran unter Ayatollah Khomeini ein rasches Wachstum der christlichen Gemeinde erlebte, auch wenn das offizielle iranische Quellen nie eingestehen würden. Ein Grund unter anderen ist der, dass der radikale schiitische Islam, den Khomeini und seine Nachfolger vertreten, vielen Iranern verhasst ist. Sie leben unter dem Scharia-Gesetz und unter der absoluten religiösen und politischen Autorität des Ayatollahs. Der ehemalige iranische Präsident Mahmoud Ahmadinedschad war vielen Iranern peinlich, weil er immer wieder vor der internationalen Presse Dinge sagte, mit denen er sich lächerlich machte. Gebildeten Iranern mit dem Hintergrund der großen Geschichte des Persischen Reiches trieben die Aktionen des Ayatollahs und die ihres Präsidenten die Schamröte ins Gesicht. Ich neige zu der Annahme, dass Gott nicht nur christliche Missionare, sondern auch solche Antihelden wie Khomeini und Ahmadinedschad dafür gebraucht, dass das Evangelium Gehör findet.

Im Januar 1997 erhielt ich einen Brief von meiner Schwester. Das war nichts Ungewöhnliches, aber der Brief enthielt eine traurige Nachricht. Mein Bruder Yasser war am 24. Dezember 1996 an einem Herzinfarkt verstorben. Als ich den Brief erhielt, waren Trauerfeier und Beisetzung längst gewesen. Ich ließ meiner Trauer freien Lauf – ich weinte und klagte nicht im stillen Kämmerlein, wie die Europäer es tun, sondern öffentlich und laut. So strömte meine Trauer in einem langen, bitteren Strom mit den Tränen aus mir heraus.

Azieza und Moustafa hatten entschieden, es wäre besser, wenn ich nicht zur Beerdigung käme, und den Brief erst abgeschickt, als sie wussten, dass es zu spät für mein Kommen war. Für sie war es so am besten, denn mein Besuch hätte meine Familie nur erneut mit der Schande konfrontiert, einen Abtrünnigen in ihren Reihen zu haben. Und auch für mich war es so am besten, denn noch immer gab es vielleicht Leute, die glaubten, sie könnten Allah einen Dienst erweisen, indem sie einen Abtrünnigen töteten. Auch diesmal also, wie schon beim Tod meines Vaters und meines Cousins, konnte ich nicht offiziell von meinem Bruder Yasser Abschied nehmen.

Für meine Mutter brach es mir das Herz. Sie hatte ihren Mann und nun auch ihren Sohn begraben. Was für eine Last! Yasser hatte nach seiner Scheidung bei ihr gelebt. Er war ihr ältester, erfolgreicher, guter Sohn, der im Alter für sie hätte sorgen sollen. Mir brachte die ganze Sache zum Bewusstsein, wie eng meine Bindungen nach Ägypten immer noch waren.

Ungefähr zur gleichen Zeit spürte ich, dass es mich mehr und mehr belastete, dass niemand aus meiner Familie zum Glauben an Christus gefunden hatte. Warum nicht? War ich ein so schlechter Zeuge für Christus? Waren die Bindungen der islamischen Gesellschaft so eng, dass man ihnen nicht entkommen konnte? War vielleicht ich unnormal, mein ganzes Leben und meine Identität umzukrempeln, und meine Familie war normal?

Ich bin wohl kaum der einzige exmuslimische Christ, der sich diese Fragen stellt. Vermutlich fragen die meisten ehemaligen Muslime sich genau dasselbe. Christliche Konvertiten aus dem Islam leben zwischen allen Welten. Wir passen nicht mehr in die

Gesellschaft, aus der wir kommen. Viele werden von der eigenen Familie und Gemeinschaft verstoßen. Manche Konvertiten bekennen sich nie offen zu ihrem neuen Glauben. Sie wagen es nicht, darüber zu sprechen, nicht einmal in der eigenen Familie. Ich widmete mich weiter meinen Aufgaben, aber ich tat es mit einem schweren Herzen.

Im Sommer besuchte ich immer ein kleines christliches Café in London, das als Kontaktmöglichkeit zu Muslimen eröffnet worden war. Kein Muslim würde einen Fuß in eine Kirche setzen, um mehr über den christlichen Glauben zu erfahren. Aber Cafébesuche gehören zur arabischen Kultur, sie liegen uns Arabern im Blut. Normalerweise war das Café mit einem Team von acht Mitarbeitern besetzt. Vier kümmerten sich unten um die Gäste und vier begleiteten diesen Einsatz oben im Gebet. Immer wieder konnte ich beobachten, wie verschleierte Frauen das Café betraten und sich eine Bibel mitnahmen. Meist kamen sie einige Tage später wieder und fragten nach weiterem Material. Die Studenten, die hier evangelistisch arbeiteten, waren selbst Araber; sie konnten sich also problemlos mit den Gästen unterhalten.

Das Café lag in der Nähe einer Moschee und es dauerte nicht lange, bis der Imam dieser Moschee auf die Caféinitiative aufmerksam wurde. Nun kam er jeden Nachmittag nach dem Gebet selbst ins Café. Und sobald er auftauchte, begannen alle Muslime, die sich bis dahin über den christlichen Glauben unterhalten hatten, lautstark Koranverse zu zitieren, die das Christentum widerlegten. Der Imam überzeugte sich, dass es ihm gelungen war, alle einzuschüchtern, sodass niemand mehr offen nach dem christlichen Glauben fragte; erst dann verschwand er.

Schön, mein Freund, dachte ich. *Ich verstehe dein Spiel.* Als der Imam das nächste Mal auftauchte, empfing ich ihn an der Tür. Ich bot ihm einen Platz an und kaufte ihm einen Kaffee. Dann verwickelte ich ihn in ein Gespräch über Islam und Christentum. Ich habe ihn nicht überzeugt, aber ich hatte den anderen wieder Gelegenheit verschafft, über Christus zu sprechen, weil der Imam sich so auf das Gespräch mit mir konzentrieren musste, dass er nicht auf die anderen Gespräche im Raum achten konnte.

Heute gibt es in Großbritannien mehr Muslime als Methodisten. Viele kommen aus früheren britischen Kolonien; aber es finden sich zum Beispiel auch reiche Araber aus den Golfstaaten, die im Sommer der Hitze dort entkommen wollen. England ist also ein Missionsfeld in doppelter Hinsicht: zum einen im Blick auf die Briten, die sich vom Glauben an Jesus Christus abgewendet haben, zum anderen im Blick auf die muslimischen Einwanderer und Besucher. Umgekehrt betrachten auch die Muslime Großbritannien als Missionsgebiet. So konnte ich auch in England hier und da evangelistisch arbeiten, obwohl es nicht meine Hauptaufgabe war.

Auch hier wurden gelegentlich meine Übersetzerdienste gebraucht. Was in den USA der 11. September 2001 ist, ist in England der 7. Juli 2005. An diesem Tag explodierten in drei Londoner U-Bahn-Zügen und einem Bus Bomben islamischer Terroristen. Bereits vor den Anschlägen war ein Journalist im Auftrag der BBC in den Moscheen des Landes unterwegs gewesen und hatte Mitschnitte von verschiedenen Predigten gemacht; diese Aufnahmen sollte ich nun übersetzen. Was ich da hörte, überraschte mich nicht; etliche Mitglieder der britischen Regierung dagegen überraschte es durchaus. Nicht wenige Predigten waren Aufrufe, die ungläubige Regierung Großbritanniens zu stürzen. Einer der bekanntesten Umsturzprediger, Imam Abu Hamza, wurde auf Al-Dschasira interviewt. Man fragte ihn (auf Arabisch): „Beziehen Sie in England Sozialhilfe?"

„Ja", antwortete er.

„Haben Sie einen britischen Pass und sind Sie ein Untertan Ihrer Majestät, der Queen?" Wieder war die Antwort ein Ja.

„Und trotzdem arbeiten Sie darauf hin, die britische Regierung zu stürzen?"

„Ja", sagte der Imam. „Es ist für uns durchaus geboten, die Vorzüge des Lebens unter den Ungläubigen zu nutzen und gleichzeitig die Ungläubigen zu bekämpfen."

Nach dem 7. Juli 2005 schenkte man derartigen Gesprächen und Predigten weitaus mehr Aufmerksamkeit als zuvor.

Später wandte sich ein Ministerium an mich mit der Frage,

was man in Fällen von Entführung muslimischer Mädchen unternehmen könne. Die Mädchen stammten aus muslimischen Einwandererfamilien, waren aber in England geboren und aufgewachsen. Natürlich wurden sie älter und schlossen erste Freundschaften, genau wie ihre englischen Altersgenossinnen. Aber die Eltern durften nicht wissen, dass sie Verabredungen mit Jungen hatten, die keine Muslime waren. Wenn die Eltern doch dahinterkamen, war das Entsetzen groß. Und nicht selten arrangierten solche Eltern dann in aller Eile eine Heirat für das Mädchen in ihrem Herkunftsland – im Jemen, in Pakistan, Bangladesch oder sonstwo. Die Tochter reiste mit strenger Eskorte aus und wurde verheiratet – Teenagermädchen, die britische Staatsbürger waren.

Inzwischen hatte die Schule gemeldet, dass das Mädchen nicht mehr zum Unterricht erschien. Man stellte Nachforschungen an, aber meist ließ sich nichts mehr machen. Die Mädchen waren zwar britische Staatsbürger, aber man konnte sie nicht nach England zurückbringen. Ebenso wenig konnte man den Eltern nachweisen, dass sie die eigene Tochter entführt hatten, wenn es keine Beweise gab, dass Gewalt im Spiel gewesen war.

Im Londoner Hyde Park gibt es die wunderbare Tradition der freien Rede. An Speaker's Corner haben schon Größen wie Karl Marx, George Orwell und Lenin gesprochen. An der Nordostecke des Parks stellt der Redner sich auf ein Podest und kann zu den dort Anwesenden über jedes beliebige Thema sprechen. Das Publikum geht darauf ein und es entsteht eine Debatte. Einzige Vorbedingung ist, dass der Redner sich vorher in die Rednerliste eingetragen hat, damit das Publikum weiß, wer da redet und was man zu erwarten hat.

Auf der Rednerliste findet sich regelmäßig der Name Jay Smith – ein Christ, der häufig aufs Podium steigt und mit Vertretern des Islam debattiert.[26] Jay stammt aus Indien und ist der Sohn eines Missionarsehepaars; er hat einen Abschluss in Islamwissenschaften.

Wenn Jay Smith sprach, ging ich mit anderen im Publikum umher. Wir hielten Ausschau nach Muslimen, die so aussahen, als könnten sie daran interessiert sein, mehr über Christus zu erfahren. Die sprachen wir an. Aber das war nicht immer einfach. Die Muslime kennen Jay inzwischen und es sieht so aus, als hätten sie Zwischenrufer engagiert, die Jays Rede stören sollten. Inzwischen kennen wir die Störer und die Störer kennen uns. Jay hat schon etliche Drohungen erhalten, aber die Tradition der freien Rede, die in der englischen Geschichte lebendig ist, hat ihn bisher geschützt.

Auch ich nutzte das Recht der freien Rede in Großbritannien für meine evangelistische Arbeit. Irgendwann kam ich mit einem Mann aus Saudi-Arabien ins Gespräch, dessen Vater früher der oberste Gefängnisverwalter in Mekka gewesen war. Dieser Mann sagte, ich könnte ihm so viel Negatives über den Islam berichten, wie ich wolle – er könne immer noch etwas Schlimmeres erzählen. Er berichtete mir wahre Horrorgeschichten – Dinge, die er am heiligen Geburtsort des Islam selbst erlebt hatte, während er dort aufwuchs. Er wollte nicht länger die schlimmen Nachrichten über den Islam hören; er war hungrig nach der guten Nachricht von Jesus. Wir redeten lange miteinander – fast vierundzwanzig Stunden in vier Tagen. Ich erzählte ihm vom ersten Adam, der Schande über alle seine Nachkommen gebracht hatte – und dann auch vom zweiten Adam, der seinem Vater Ehre gemacht hatte. Ich legte ihm die wesentlichen Inhalte der Schrift dar, vom 1. Buch Mose bis zur Offenbarung. Aber bis heute weiß ich nicht, ob er zum Glauben an Christus gefunden hat.

Einmal evangelisierte ich wieder in einem Londoner Park unter Arabern. Ein Mann kam auf mich zu und fragte mich auf Arabisch, ob ich Christ sei. Das sei ich, sagte ich. Er stellte mir eine Reihe von Fragen – gute Fragen über den christlichen Glauben. Ich erklärte ihm aufgrund der Bibel, was er wissen wollte, und anschließend fragte er mich, ob ich mit ihm beten würde – er wolle Christ werden. Nie zuvor und auch nie danach habe ich jemanden getroffen, der so empfänglich für den Glauben war wie dieser Mann. Ganz offensichtlich war der Heilige Geist in ihm schon lange vor unserer Begegnung am Werk gewesen.

9
Missverständnisse in Europa

Muslime wissen eine Menge über den christlichen Glauben, denn der Koran enthält viele Geschichten, die sich auf die Bibel beziehen.[27] So gilt Jesus im Islam als großer Prophet, sogar als der bedeutendste Prophet nach Mohammed. Muslime akzeptieren aber nicht, dass Gott zulassen könnte, dass sein zweitgrößter Prophet einen so schändlichen Tod finden konnte. Die meisten glauben, nicht Jesus, sondern Judas wurde gekreuzigt. Und daraus folgt dann, dass Jesus auch nicht auferstehen konnte.

Wenn Muslime anfangen, die Botschaft der Bibel zu verstehen – die Botschaft, dass Christus für uns starb, weil er uns liebt –, dann sind sie entweder abgestoßen oder tief bewegt und erschüttert. „Denn Gott hat dich (Ahmed, Fatima, Mustafa …) so sehr geliebt, dass er seinen einzigen Sohn hingab, damit du, wenn du an ihn glaubst, das ewige Leben hast und nicht verloren gehst" – das ist in der Tat eine gute Nachricht. Und wenn sie dann noch erleben, dass diese Liebe auch unter Christen gelebt wird, tun sie meistens den entscheidenden Schritt zu Christus.

Im Jahr 2005 – wir lebten damals noch in England – entstand in einer kleinen Stadt in der Schweiz eine kontroverse Diskussion. Die muslimische Minderheit dort wollte auf das Dach des dortigen türkisch-islamischen Zentrums ein weiteres sechs Meter höheres Minarett bauen. Nachbarn und Stadtplanungsbüro lehnten den Antrag ab. Die muslimische Gemeinde focht ihren Anspruch durch alle Gerichtsinstanzen durch bis zum Bundesgericht, der obersten Rechtsinstanz der Schweiz. Dort wurde dem Antrag 2009 stattgegeben. Daraufhin strengte die Schweizerische Volkspartei eine Kampagne gegen den Minarettbau an und sammelte die erforderlichen 100 000 Unterschriften für ein Volksbegehren über ein grundsätzliches Verbot von Minaretten in der Schweiz. Sie argumentierte, Minarette seien für die Ausübung des Islam nicht notwendig, sondern stellten Symbole religiöser und politischer Macht dar. Zitiert wurde auch aus einer Rede von Recep Tayyip Erdoğan (dem späteren türkischen Präsidenten) von 1997, in der er gesagt hatte: „Die Moscheen sind unsere Kasernen, die Kuppeln unsere Helme, die Minarette unsere Bajonette und die Gläubigen unsere Soldaten. Diese heilige Armee schützt meine Religion."[28] Feministinnen in der Schweiz protestierten außerdem gegen ein islamisches Symbol, das die Macht der Männer über die Frauen demonstriert. Im Jahr 2009 wurde das Minarettverbot mit knapper Mehrheit durchgesetzt.[29] Bis heute wird allerdings in etlichen Kantonen der Schweiz (meist den französischsprachigen) dagegen geklagt.

Einer der Förderer unserer Mission, ein Schweizer Unternehmer mit guten Verbindungen, bat mich, in die Schweiz zu kommen und mich mit dem Abgeordneten seines Kantons zu treffen, um über diese Frage zu sprechen. Diesem Politiker sagte ich, die Schweiz sei weise, wenn sie Minarette verbiete. Man braucht kein Minarett, damit ein islamischer Gottesdienst stattfinden kann. Auch der Koran schreibt keine Minarette vor. Sie entstanden, als die Gemeinden zu groß wurden, als dass der Gebetsruf eines Einzelnen in der ganzen Gemeinde gehört werden konnte, und wurden gebaut, damit der Aufruf zum Gebet weiter in der Umgebung der Moschee gehört wurde.

Heutige Muslime in der Schweiz brauchen kaum den Gebetsruf, um sich an die Stunden des Gebets zu erinnern. Computer, Handys oder auch die guten Schweizer Uhren können an das Gebet erinnern. Ich vermute eher, dass die Muslime in der Schweiz mit den Minarettbauten demonstrieren wollten, dass es sie gibt und dass sie Einfluss haben. Das höchste Bauwerk hat in einer europäischen Stadt eine besondere Bedeutung; und es ist sicher kein Zufall, dass die Minarette höher sein sollten als die Türme der christlichen Kirchen.

Aber es steht zum Teil noch etwas anderes auf dem Spiel, und zwar das demokratische Verständnis des Westens von Politik und Religion im Gegensatz zum arabischen und islamischen Verständnis von Staat und Religion. Wie schon gesagt: Der Islam ist allumfassend; Allah herrscht über das Leben in allen seinen Aspekten und die religiösen Führer sind im Islam oftmals de facto auch diejenigen, die die Gesetze des jeweiligen Landes bestimmen. Im Westen dagegen sind religiöse und säkulare Institutionen streng getrennt. Jeder kann sein religiöses Bekenntnis frei wählen; es ist die Gewissensentscheidung des Einzelnen. Und religiöse Organisationen sind streng begrenzt im Blick darauf, was sie beeinflussen können. Muslime in Europa genießen große Freiheiten, ihren Glauben zu praktizieren, während die Religionsausübung von Nichtmuslimen in islamischen Ländern oftmals sehr eingeschränkt ist. In allen muslimischen Ländern ist es Christen verboten, für ihren Glauben zu werben. In Staaten mit sunnitischer Mehrheit müssen sogar schiitische Muslime viele Benachteiligungen in Kauf nehmen.

Der Westen hat wenig Verständnis für diese Einheit von Leben, Glauben, Politik und Gesellschaft, die der Islam darstellt. Das Nichtverstehen geht zurück bis auf die Zeit Mohammeds. Mohammed ist im Islam der letzte und wahre Prophet Allahs; was ihm Allah in Visionen offenbart hat, ist das endgültige und vollständige Wort Gottes. Nur Mohammed hat diese Visionen empfangen und nur der arabische Koran ist die wahre Offenbarung Allahs.[30] Mohammeds Visionen umfassen ein breites Themenspektrum und enthalten Bestimmungen über die Eheschließung, das Erbrecht, die Besteuerung, den Krieg und so weiter. Der Prophet begründete seine Autorität mit den Visionen, die ihm offenbart wurden, und auch mit der göttlichen Bestätigung für sein Handeln, die er erhalten hatte. In einigen Fällen erfolgte diese göttliche Bestätigung für seine Regeln und Handlungen im Nachhinein durch eine spätere Vision.[31]

Das Leben und die Lehren Mohammeds, wie sie die *Hadithe* überliefern, sind das Vorbild für das muslimische Leben heute. Wo der Islam herrscht, muss das islamische Gesetz befolgt werden. In solchen Gesellschaften haben nur muslimische Männer umfassende Bürgerrechte. Mohammed bekämpfte zu Lebzeiten alle, die die Legitimität seiner Visionen und damit seinen Machtanspruch bestritten. Für den Islam ist alles eine große Einheit – Mohammed, der Koran, die islamische Gesellschaft, das Zivilrecht, Allah, Familiengesetze und kultische Praxis. Der Gegensatz zum multikulturellen Westen könnte kaum größer sein.

Für Muslime ist es undenkbar, den Koran zu verändern, zu hinterfragen oder auch nur vor seinem Entstehungshintergrund zu interpretieren, so wie man es mit der Bibel tut. Der Koran ist das ewige und in Ewigkeit existente Wort Gottes, das Jibril (Gabriel) dem Propheten diktiert hat. Islamische Geistliche, die Imame und Muftis, dürfen diese Worte auf verschiedene konkrete Situationen *anwenden* und beziehen sich dabei auch auf die Mehrheit früherer Rechtsentscheidungen; aber den Koran neu zu interpretieren, ist nicht vorgesehen. Die offizielle Interpretation, *Idschma* genannt, wurde im vierzehnten Jahrhundert festgelegt; sie gründet sich auf die Rechtstradition, die sich aus dem Koran und den *Hadithen* ableitet. Unterordnung unter Allah bedeutet danach, sich an das Scharia-Gesetz zu halten, wie es nach Übereinkunft von islamischen Rechtsgelehrten damals verstanden wurde.

Es gibt heute Islamwissenschaftler, die auch mit modernen literarkritischen und historisch-kritischen Methoden arbeiten, um das Scharia-Gesetz für die heutige Gesellschaft kompatibel zu machen. Einer von ihnen war der führende Islamwissenschaftler der Universität Leyden in den Niederlanden. Er vertrat die Ansicht, dass es heutige Interpretationen des Korans geben müsse und dass die Schriften aus dem siebten Jahrhundert n. Chr. aus ihrem historischen und literarischen Kontext heraus verstanden werden müssen. Er wurde zum Häretiker erklärt und islamische Autoritäten erklärten infolgedessen seine Ehe für ungültig. So wie dieser Wissenschaftler geraten progressive Muslime häufig ins Visier ihrer „besonders rechtgläubigen" muslimischen Brüder.

Die schlimmste (oder konservativste) Gruppe innerhalb des Islam sind die Wahabiten, die heute die meisten Anhänger in Saudi-Arabien haben. Osama bin Laden stammt aus dieser Gruppierung. Saudi-Arabien gilt als das Land, wo der Islam in seiner reinsten Form praktiziert wurde, da die heiligen Städte

Mekka und Medina auf diesem Territorium liegen. Der fabelhafte Reichtum der Saudis ermöglicht ihnen natürlich weitreichende Einflussnahme. Viele Imame im Nahen Osten haben in Saudi-Arabien studiert. In England habe ich erlebt, wie eine britische muslimische Gemeinde eine neue Moschee bauen wollte. Der Leiter griff zum Telefon, rief einen Freund in Saudi-Arabien an und hatte innerhalb von einer Woche einen Scheck über eine Million Pfund in der Tasche. Diese Art von Finanzierung und Unterstützung macht es Muslimen im Westen möglich, sich von westlichen Idealen und Lebensweisen weitgehend zu isolieren.

Während Muslime in westlichen Ländern ihren Glauben frei praktizieren können, können Menschen aus westlichen Staaten nicht mehr ohne Weiteres in islamischen Ländern in christlichen Gemeinden arbeiten. Seit dem Erstarken der panarabischen Bewegung in den 1970er-Jahren wurde fast alles, was man mit den europäischen Kolonialmächten in Zusammenhang brachte, aus dem Nahen Osten verbannt.

Christen aus dem Westen, die heute im Nahen Osten für das Evangelium arbeiten wollen, müssen eine nachweisbare berufliche säkulare Beschäftigung haben. So arbeiten viele in der Industrie, im Handel oder im Finanzwesen und suchen Gelegenheit zum christlichen Zeugnis in diesem Rahmen. In Saudi-Arabien sind christliche Kirchen absolut verboten. Europäer, die hier etwa auf den Ölfeldern arbeiten, müssen sich zum Sonntagsgottesdienst in den Räumen der Ölfördergesellschaft treffen. Trotz all dieser Einschränkungen haben Europäer oder Amerikaner immer wieder Gelegenheiten gefunden, in arabischen Ländern auch mit führenden Persönlichkeiten über den christlichen Glauben zu sprechen.

Gute Beziehungen zwischen dem Islam und dem Westen zu etablieren, ist keine einfache Aufgabe. Es gibt zu viele Missverständnisse und Konflikte, die die Beziehungen belasten. Und eine 1 400 Jahre lange Geschichte von Kriegen und Vorurteilen macht die Dinge auch nicht gerade leichter.

Ein weiteres Beispiel dafür, was Muslime als Beleidigung ihrer Religion verstehen, ereignete sich am 30. September 2005. Die dänische Zeitung *Jyllands-Posten* veröffentlichte zwölf Karikaturen des Propheten Mohammed. (In Dänemark gibt es eine beträchtliche muslimische Minderheit.) Die Cartoons wurden mit der erklärten Absicht veröffentlicht, man wolle testen, ob die Pressefreiheit in Dänemark auch negative Aussagen über den Islam einschließe. Dänische Karikaturisten wurden gebeten, ihre Sicht dessen darzustellen, was Mohammed ausgemacht haben könnte. Eine Reihe der Angefragten lehnte ab – aus Angst. Die veröffentlichten Karikaturen zeichneten alle ein negatives Bild des Propheten, die provokanteste zeigte einen Araber mit Bombe, die unter seinem Turban verborgen war. Die Cartoons wurden rund um die Welt veröffentlicht und online verbreitet und sorgten für einen Sturm der Entrüstung in der muslimischen Welt.

Nach dem Koran ist es abscheuliche Abgötterei, irgendetwas Irdisches mit Allah zu vergleichen oder ihn in irgendeiner Weise darzustellen. Das ist die unverzeihliche Sünde, *Shirk*. Das Bilderverbot ist der Grund, warum es im Islam nichts Vergleichbares zu Michelangelos Gemälden in der Sixtinischen Kapelle gibt. Einige *Hadithe* verbieten außerdem auch, den Propheten künstlerisch darzustellen.[32] Es war also skandalös, den Propheten als Gegenstand einer westlichen Spottzeichnung zu sehen. In Syrien, im Iran und Libanon wurden die dänischen Botschaften angegriffen. Die Zeichner mussten untertauchen und viele muslimische Staaten boykottierten dänische Waren.

Zugegeben, diese Cartoonisten waren nicht gut beraten. Musste man die Muslime mit einem derartigen Sakrileg herausfordern? Fast ein Fünftel der Weltbevölkerung verehrt den Propheten Mohammed – und es sind meist Menschen, die es mit ihrem Glauben ernst meinen. Wie würden Christen reagieren, wenn Muslime Jesus als Pädophilen oder als Zauberer darstellen würden? Und dennoch haben diese dänischen Karikaturen bestätigt, was viele Europäer bereits vermutet hatten: Bei der Wahrnehmung der Rede- und der Pressefreiheit ist der Islam in Europa eine erschreckende und gefährliche Ausnahme.

Für Muslime ist es nicht zu verstehen, wie man jemandem gestatten kann, blasphemische Äußerungen über den Islam zu machen. In ihren Heimatländern würde so etwas nie passieren.

Die Gewalt in dieser Reaktion auf die blasphemischen Zeichnungen hat eine lange Geschichte. Als die muslimischen Araber im siebten Jahrhundert die benachbarten Stämme und Völker unterwarfen, stellten sie ihnen drei Möglichkeiten zur Wahl: Konversion zum Islam, Zahlung eines Schutzgeldes (Schutzvertrag: *Dhimma)* oder Fortsetzung des Krieges. Die Rechtsinstitution der *Dhimma* ist wohl am wenigsten bekannt, aber sie hat vermutlich die weitreichendsten Folgen gehabt. Als *Dhimmi* galten besiegte Angehörige der Buchreligionen (d. h. Christen oder Juden). Ein *Dhimmi,* der in einem muslimisch regierten Land lebte, musste dem muslimischen Herrscher Treue schwören und eine Sondersteuer zahlen, die *Dschisya.* Diese konnte bis zu einem Viertel des Jahreseinkommens eines normalen Handwerkers betragen und wurde zu einer Haupteinnahmequelle für viele muslimische Herrscher. Die *Dschisya* ist nicht dasselbe wie die muslimische Abgabe für die Armen *(Zakat).* Die *Zakat* ist eine der fünf Säulen des Islam und beträgt etwa ein Zehntel des Jahreseinkommens. Die *Dschisya* war aber nicht bloß eine Steuer. Heute würde man sie eher „Tribut" oder auch „Schutzgeld" nennen. *Dhimmi,* die die Abgabe nicht zahlten, galten als Aufrührer und konnten getötet werden. Mit anderen Worten: Die Zahlung der *Dschisya* war für einen *Dhimmi* der einzige Weg, als Mitglied einer religiösen Minderheit in einem islamischen Land am Leben zu bleiben.

Eine besondere Zeremonie verlieh diesem Prozess der Unterwerfung Ausdruck. Der *Dhimmi* erschien nicht einfach im Steuerbüro, um seine jährliche *Dschisya* abzuliefern. Die Steuerzahlung erfolgte auf einem öffentlichen Platz, auf dem alle *Dhimmi* persönlich erscheinen mussten. Die muslimischen Steuerbeamten saßen auf erhöhten Podesten und sahen auf die Steuerpflichtigen herunter. Die Hände der Beamten waren mindestens auf Kopfhöhe des *Dhimmi* – also in einer Position, in der leicht ein Schwerthieb geführt werden konnte. Der *Dhimmi,* der seine

Steuer entrichtete, erhielt einen Fausthieb in den Nacken – eine symbolische Enthauptung mit dem Schwert.[33] Die Botschaft war eindeutig: Nur durch diese Zahlung entgehst du dem Tod.

Die *Dschisya* scheint in Ländern mit Scharia-Recht auch heute wieder ausgeübt zu werden. Es gibt Berichte, dass sie im muslimisch regierten Malaysia und in konservativen Dörfern in Ägypten und anderswo wieder angewandt wird. Der Islamische Staat (IS) hat sie in Syrien und im Irak angewandt. Die Praxis widerspricht internationalen Gesetzen und der Menschenrechtserklärung der Vereinten Nationen und kann daher nicht offiziell propagiert werden. Aber diese 1400 Jahre alte Tradition hat in muslimischen Staaten tiefe Spuren hinterlassen.

Für westliche Europäer oder Amerikaner ist es manchmal schwer zu begreifen, dass Gesetze gegen Gotteslästerung oder Abfall vom Islam oder Praktiken wie die *Dschisya* heute, im einundzwanzigsten Jahrhundert, noch immer existieren. Ein syrischer Religionswissenschaftler aus England reiste nach Ägypten, um Berichten über Christenverfolgungen dort nachzugehen. Er hatte anscheinend gedacht, man würde ihn bei der Geheimpolizei mit offenen Armen empfangen und ihm Akten mit der Aufschrift: „Pläne für die Christenverfolgung" oder „Namen und Daten unserer christlichen Opfer" aushändigen. Natürlich fand er keine Unterlagen dieser Art. Er kehrte nach England zurück und verkündete unbekümmert, in Ägypten gebe es keine Christenverfolgung. Die Naivität des Westens ist manchmal kaum zu fassen.

Im Gegensatz zur Geschichte des Islam hat das Christentum ganz andere Wurzeln. Das Christentum begann als winzige Sekte einer kleinen Religion (dem Judentum) in einem Winkel des riesigen Römischen Reiches. Die jungen Christen in Palästina, in den Ländern rund ums Mittelmeer, der heutigen Türkei, Ägypten, Syrien und so weiter, mussten sich den Gesetzen und Bräuchen der Landesbewohner anpassen. Sie schufen keinen eigenen christlichen Staat mit eigener christlicher Rechtsprechung; sie lebten unter den Gesetzen des Römischen Reiches. Nahezu drei Jahrhunderte vergingen, bevor Kaiser Konstantin im Jahr 313 n. Chr. das Christentum als offizielle Religion anerkannte. Bis dahin waren Christen immer wieder vereinzelt oder auch im ganzen Römischen Reich Opfer grausamer Verfolgungen geworden.

Der Islam dagegen begann als politisch-religiöse Bewegung und entwickelte sich rasch zu einem Imperium. Zur Zeit Mohammeds war das christlich-byzantinische Reich mit seiner Hauptstadt Konstantinopel zerstritten und in viele Konfessionen zersplittert. Das nur oberflächlich christianisierte Persische Reich war ebenfalls durch theologische Streitigkeiten geschwächt. Byzanz und Persien bekriegten einander. In diesem Kontext entstand der Islam. Bei seinem Tod im Jahr 632 n. Chr. hatte Mohammed den größten Teil der riesigen Arabischen Halbinsel erobert. (Die Arabische Halbinsel ist in etwa so groß wie ganz Westeuropa und ein Drittel so groß wie die USA.)

Sein direkter Nachfolger, Abu Bakr (632–634) eroberte in nur zwei Jahren das restliche Territorium der Arabischen Halbinsel, bevor er getötet wurde. Umar (634–644) brachte den Islam in den heutigen Irak, nach Syrien, Jordanien und Ostägypten. Uthman und Ali (644–661) eroberten das restliche Ägypten und die Gebiete des heutigen Libyen, Persien, Iran, Pakistan, Afghanistan, Armenien, Aserbaidschan und Osttürkei. Von ihrem Hauptsitz Damaskus aus vollendeten die Umayyaden (661–750) die Eroberung Nordafrikas, besetzten Spanien, Sizilien, Korsika und Sardinien im Westen und dehnten die Ostgrenze des Reiches bis zum heutigen Indien und China aus. Nur wenig mehr als hundert Jahre nach dem Tod des Propheten beherrschten die Muslime ein größeres Weltreich als Perser, Griechen und Römer vor ihnen.

Spanien war mehr als siebenhundert Jahre unter muslimischer Herrschaft (711–1492). Unter den türkischen Osmanen verbreitete der Islam sich in Osteuropa, in Bulgarien, Rumänien, Serbien, Moldawien und sogar in Österreich. Wenn der Islam also heute mit Europa in Kontakt tritt, sind die Erinnerungen an die Geschichte noch wirksam, wenn auch vielleicht unterschwellig. Muslime wissen zwar, dass die Praxis der *Dhimma* heute politisch nicht mehr durchsetzbar ist; aber sie betrachten sie dennoch als das Kennzeichen der Blütezeit des Islam.

Ich möchte darauf hinweisen, dass die ersten Länder, die die vier „rechtgeleiteten Kalifen" eroberten, mehrheitlich christliche Nationen waren.[34] Die orthodoxen Kirchen des Ostens waren in Nordafrika bis ins heutige Syrien, Jordanien, Türkei, Armenien, Irak und so weiter verbreitet. Diese Kirchen gehen auf die Zeit der Apostel zurück und hatten sich über fünf Jahrhunderte in der Region ausgebreitet, bevor Mohammed auftrat. Zugegeben, das Christentum mag wohl eher die offizielle Staatsreligion gewesen sein als die Herzensüberzeugung der meisten Einwohner dieser Länder. Dennoch war das, was der Islam nach dem Tod des Propheten vorfand, wohl kaum ein religiöses Vakuum. In gewissem Sinn war die islamische Eroberung von Byzanz so etwas wie ein muslimischer Kreuzzug – und das fünfhundert Jahre vor den bekannteren christlichen Kreuzzügen.

Muslime geben nicht gern zu, dass die Kriege, die sie geführt haben, nicht immer Verteidigungskriege waren. Die anfänglichen Eroberungen gelten als „offene Türen", die Allah ihnen verschafft habe, um den Islam zu verbreiten. Ein Staat oder ein Volk, das sich dem Islam widersetzt, gilt als Angreifer; die Muslime dagegen verteidigen nur den Glauben. In allen eroberten Gebieten etablierten sie das Scharia-Gesetz und schufen islamische Staaten unter der Herrschaft von Kalifen.

Das Gesetz wurde abgeleitet aus den Visionen und dem Leben Mohammeds und entwickelte sich zum Standard für langlebige Zivilisationen, die sich von Kairo bis Cordoba und von Bagdad bis Kabul erstreckten. Das islamische Gesetz mochte von Kultur zu Kultur etwas anders aussehen, aber die Einheit des Islam war unüberwindbar. Ein Gott, ein Prophet, ein Gesetz. Diese Bedingungen, unter denen der Islam herrschte, sehen Muslime bis heute als Ideal an. Es ist daher ein ständiges Ärgernis, dass der „christliche" Westen die muslimischen Länder technologisch und bildungsmäßig überholt hat und ihnen auch in wirtschaftlicher, politischer und militärischer Hinsicht überlegen ist.

Heute breitet sich der Islam infolge von Einwanderung und

hohen Geburtenraten in Europa aus. In manchen osteuropäischen Staaten, zum Beispiel in Serbien, gab es schon seit Jahrhunderten große muslimische Bevölkerungsanteile. Ein führender türkischer Imam sagte: „Wir werden euch unter unserer hohen Geburtenrate begraben." In Frankreich gibt es 4,7 Millionen Muslime; das sind etwa 7,5 Prozent der Gesamtbevölkerung; in Deutschland sind es mit 4,5 Millionen etwa 5,8 Prozent der Bevölkerung; etwas unter einer Million oder 5,7 Prozent in den Niederlanden und so weiter. Mit dem Wachsen der muslimischen Bevölkerung wächst auch das Problem, wie man ein monotheistisches soziopolitisches System in eine pluralistische Gesellschaft integrieren kann.

Exmuslime aus arabischen Ländern, die zum Christentum konvertiert sind, erhalten in Europa häufig kein Asyl. Obwohl in den meisten muslimischen Staaten Gesetze gegen den Abfall vom Islam in Kraft sind, erkennen westliche Regierungen oft nicht an, dass Christen dort tatsächlich bedroht sind. Die westlichen Staaten beziehen sich darauf, dass die Vollversammlung der Vereinten Nationen, zu der auch muslimische Länder gehören, die UN-Menschenrechtserklärung verabschiedet hat und dass darin Gewissens- und Religionsfreiheit garantiert werden. Aber viele islamische Staaten, etwa Saudi-Arabien, Pakistan und Sudan, haben eingewendet, dass die UN-Menschenrechtserklärung nur die Rechtsauffassung des Westens widerspiegele. Sie verlangen, dass auch diese Grundrechte vom Standpunkt des Scharia-Gesetzes aus interpretiert werden müssten. Damit wird im Endeffekt die Menschenrechtserklärung ausgehöhlt und durch das Scharia-Gesetz ersetzt.

Andererseits haben die islamischen Führungsfiguren selbst Mühe, ihre Rolle als Minderheitsreligion im Westen zu verstehen. Sie haben kein theoretisches Modell dafür, als Minderheit in einem nicht muslimischen Land zu leben. Die Geschichte des Islam ist eine Geschichte der Eroberung durch Gewalt, Konversion oder Handel, sodass die eroberten Länder sehr bald mehrheitlich muslimisch waren. Das ist die Lebenssituation, die sie kennen. Aber wenn Muslime in die Minderheit geraten, entstehen Konfliktsituationen, wenn sie dem Koran und den *Hadithen* folgen wollen. Als gute Muslime sollten sie sich an das Scharia-Gesetz halten. Das ist aber im Westen nur zum Teil möglich, etwa im Blick auf Regelungen zur Familie und zur rituellen Praxis. Ein Großteil des Scharia-Rechts ist hier so nicht lebbar und stellt viele Muslime im Westen vor echte Probleme. Wenn sie die muslimischen Gebräuche und Gesetze aufgeben, bedeutet das den Verlust der eigenen Identität. Aber in einem nicht muslimischen Land können sie nicht im Vollsinn Muslime sein.

In England wird das zum Beispiel am Problem der Polygamie deutlich. Im Islam kann ein Mann bis zu vier Frauen haben. In Großbritannien gilt die Einehe. Muslime führen an, dass die Polygamie ein Grundsatz ihres Glaubens ist und dass ihnen die freie Ausübung ihrer Religion gewährt werden müsse. Es ist eine verzwickte Situation. Ein afghanischer Konvertit hat mich in meiner Zeit in England einmal gefragt: „Als Muslim habe ich meine Frau fünfmal am Tag geschlagen. Jetzt bin ich Christ – wie oft sollte ich sie jetzt schlagen?" Wie lassen sich diese religiös-kulturellen Ausdrucksformen des Islam mit den Gesetzen und Gebräuchen der westlichen Welt vereinbaren?

Der frühere britische Premierminister David Cameron hat ein tieferes Verständnis dafür bewiesen, wie schwierig es ist, den Islam in das moderne Europa zu integrieren, als viele andere. In einer Rede über Moscheen und islamische Gruppen in England sagte er: „Lassen Sie uns diese Organisationen angemessen beurteilen. Glauben sie an die universalen Menschenrechte – auch für Frauen und Angehörige anderer Religionen? Glauben sie an die Gleichheit aller Menschen vor dem Gesetz? Glauben sie an die Demokratie und das Recht des Volkes, die eigene Regierung selbst zu wählen? Unterstützen sie die Integration oder den Separatismus? Das sind die Fragen, die wir stellen müssen. Mit Organisationen, die diesen Test nicht bestehen, sollten wir uns nicht weiter einlassen"[35].

1949 hat sich das muslimische Pakistan vom hinduistischen Indien abgespalten, weil die beiden Religionen unvereinbar sind. Es bleibt abzuwarten, wie und ob Europa die wachsende muslimische Bevölkerung in seiner Mitte integrieren wird.

Viele Araber sind in Europa Christen geworden. Aber Europa stellt sie ebenso vor Herausforderungen wie der Nahe Osten. Zum einen leben muslimische Konvertiten meist in arabischen oder türkischen Enklaven, in denen sie mit denselben Schwierigkeiten konfrontiert sind, wie sie es im Nahen Osten wären. Zum anderen sind die westlichen Gesellschaften, zu denen sie jetzt gehören, säkularisiert, sodass sie als Christen auch hier aus dem Rahmen fallen. Angesichts des in Europa vorherrschenden Säkularismus finden muslimische Konvertiten schwer europäische Gemeinden, in denen sie sich willkommen fühlen. Und so bleiben christliche Araber in Europa oft isoliert und finden kaum Vorbilder für ihren neuen Glauben.

Wie es gelingen kann, muslimische Christen in die Gemeinde zu integrieren, lässt sich am Beispiel einer Organisation zeigen, die sich „die Oase" nennt. Hier hat man verstanden, dass die Gemeinde ein soziales und ein spirituelles Gebilde ist. Es gibt landestypisches Essen, Gottesdienste in den Muttersprachen der Konvertiten und man respektiert die kulturellen Traditionen der jungen Christen aus dem Nahen Osten. Ich weiß, das Ideal wäre es, wenn Gläubige aus allen ethnischen Gruppen sich in der Gemeinde zusammenfinden würden, um die Vielfalt der Familie Gottes zu repräsentieren. Aber ich glaube, für Konvertiten aus dem Islam wäre das eine Überforderung. Sie müssen noch Elemente ihrer Identität behalten können, die weiterbestehen.

Manche muslimische Konvertiten bleiben nicht beim Glauben, sondern werden säkular oder religiös pluralistisch. Eine Frau, die unter anderem mit meiner Hilfe aus dem Nahen Osten nach Europa gekommen war, hat einen deutschen Pastor geheiratet. Als ich sie später einmal anrief, um zu fragen, ob sie uns bei einem christlichen Projekt helfen könnte, lehnte sie ab. Sie erzählte mir, sie mache gerade ihren Doktor in vergleichender Religionswissenschaft und wolle in ihrer Arbeit nachweisen, dass Islam und Christentum gleichberechtigte und gleichermaßen gültige Wege zu Gott sind.

Die bekannte Autorin des Buches *Mein Leben, meine Freiheit* (englischer Titel: *Infidel)*, Ayaan Hirsi Ali, hat eine ähnliche Geschichte. Sie wuchs als Muslimin in Somalia, Kenia und Saudi-Arabien auf. Nach etlichen Jahren in Europa erklärte sie, sie könne einen Gott wie Allah und einen Propheten wie Mohammed nicht länger akzeptieren, vor allem wegen ihrer außerordentlichen Frauenfeindlichkeit. In ihrem Fall wurde aus dem Glaubenssatz: „Es gibt keinen Gott außer Allah und Mohammed ist sein Prophet" das Bekenntnis: „Ich glaube, es gibt weder einen Gott noch einen Propheten"[36].

Säkularisierte Menschen sind oft für den Glauben verschlossener als Muslime. Muslime werden zustimmen, dass es einen Gott gibt und dass die materielle Welt nicht alles ist. Der säkularisierte Mensch dagegen ist weder von der Existenz Gottes noch von einem Leben nach dem Tod überzeugt. Meist lebt er in der Überzeugung, er wisse genug über Religion, um sie als irrelevant abzutun. Da die meisten Europäer säkularisiert sind, ist es für muslimische Konvertiten oft schwierig, andere Christen zu finden, mit denen sie beten und Gottesdienst feiern können.

Das säkulare Europa steht christlichen Evangelisationsbemühungen unter Muslimen auch nicht immer freundlich gegenüber. Eine arabische Konvertitin in den Niederlanden hat ihren Mann zum Glauben an Christus geführt. Durch das christliche Paar kam eine andere Frau zum Glauben. Der muslimische Ehemann dieser Frau erstach daraufhin den christlichen Ehemann. Der Täter wurde zwar verhaftet, aber die Vertreter der holländischen Justiz schienen den Fall eher in der Haltung zu behandeln: „Das kommt eben davon, wenn man andere bekehren will."

In England wurde ein Mann, der Muslimen vom Evangelium erzählte, mit Kerosin übergossen und angezündet. Die Polizei tat daraufhin wenig, um den Täter zu stellen. Viele Westeuropäer tun lieber so, als gäbe es die Millionen Muslime in ihrer Mitte gar nicht. Und wenn sie ihre muslimischen Mitbürger doch anerkennen, machen sie sich vor, dass die Unterschiede zwischen ihnen gar nicht so groß seien.

Heute gibt es in Frankreich mehr Muslime als evangelikale

Christen. Nach unserer Schätzung haben sich 2010 ungefähr fünfzehntausend dieser Muslime zu Christus bekehrt. Vor zwanzig Jahren wussten wir nur von etwa zehntausend muslimischen Konvertiten in Frankreich. Es liegt auf der Hand: Die muslimische Bevölkerung in Europa ist ein Feld, das reif ist zur Ernte.

10
Christen in Ägypten

Ich weiß aus eigener Erfahrung: In einem muslimischen Land Jude oder Christ zu sein, kann ebenso schwierig oder sogar tödlich sein. Die komplizierten Beziehungen zwischen den Religionen haben eine lange Geschichte.

„Leute des Buches" werden Juden und Christen von Muslimen genannt. Juden haben die Thora als heilige Schrift, Christen die Bibel. Muslime akzeptieren beide als heilige Schriften. Allerdings ist für sie die Offenbarung, die Mohammed gegeben wurde und im Koran niedergelegt ist, die endgültige und wahre Offenbarung Gottes.

Das kann in der Praxis manchmal lustige, manchmal auch gefährliche Auswirkungen haben. In meiner Grundschulzeit zum Beispiel haben wir immer wieder kleine Theaterstücke aufgeführt. Eines davon handelte von Israelis und Palästinensern. Ich sollte Moshe Dayan spielen und musste eine Augenklappe tragen. Die Israelis waren natürlich nicht beliebt und Moshe Dayan schon gar nicht. In unserem Stück überfielen die Palästinenser die Israelis und töteten alle, inklusive Moshe. Noch vier Jahre danach nannten meine Klassenkameraden mich Moshe. Ich fand das nicht sehr lustig.

Arabische Kinder lernen von klein auf, die Israelis zu hassen. Zeitungen und andere Medien stellen Juden als Geizhälse, Betrüger und Lügner dar. Sie gelten als die Ungläubigen, die sich als Erste dem Propheten Mohammed widersetzt haben. An sie denken wir, wenn wir die erste Sure des Korans rezitieren: „Führe uns auf den geraden Weg, den Weg derer, denen Du Gnade erwiesen hast, die nicht (Dein) Missfallen erregt haben und die nicht irregegangen sind."

Die arabische Geschichtsschreibung im Nahen Osten verschweigt oder minimiert nicht selten die Bedeutung der Juden. Die ägyptische Geschichte etwa wird häufig so erzählt, als hätte es nie Juden in Ägypten gegeben, obwohl sie lange vor den Muslimen dort lebten. Bis vor Kurzem gab es in Kairo große Synagogen und bedeutende Unternehmen, die in jüdischem Besitz waren. Aber die meisten Ägypter haben bereits eine starke Abneigung gegen alles Jüdische, noch bevor sie jemals einem Juden direkt begegnet sind.[37]

In den letzten Jahren war ich nicht weniger als zehnmal in Palästina. Manchmal unterrichte ich am Bethlehem Bible College, manchmal spreche ich auf Konferenzen oder ich reise einfach deswegen in den Nahen Osten, um die arabischen Christen, die dort leben, zu unterstützen. Wenn ich Konvertiten aus dem Islam in Palästina besuche, „oute" ich mich nicht als christlicher Evangelist. Ich weiß, dass viele von diesen Konvertiten ihren Glauben lieber für sich behalten. Sich öffentlich dazu zu bekennen, könnte zu offener Diskriminierung durch die eigene Familie, die Gemeinschaft, aber auch durch die Regierung führen.

Ägypten liegt nah am Ursprungsort aller drei abrahamitischen Religionen. Archäologische Funde zeigen, dass am Nil bereits viertausend Jahre vor Christus eine hochstehende Kultur existierte. Das heutige Ägypten ist etwa dreimal so groß wie Deutschland. Das Ägypten des Altertums war wesentlich größer und schloss auch die heutigen Staaten Sudan, Libyen und Israel ein. Das ist die Zivilisation des Altertums, aus der sowohl das Judentum wie auch das Christentum hervorgegangen sind, in der aber nun seit vierzehnhundert Jahren der Islam vorherrscht.

Bereits im ersten Jahrzehnt nach der Auferstehung von Jesus soll der Apostel Markus in Ägypten evangelisiert haben. Die koptische Kirche in Ägypten führt die Linie ihrer Bischöfe direkt auf den Evangelisten Markus zurück. Der Begriff *koptisch* ist das griechische Wort für *Ägypten* und geht zurück auf die Nachfolger Alexanders des Großen, die eine Zeit lang Ägypten beherrschten.[38] Die Kopten sind diejenigen, die auch nach der muslimischen Eroberung Christen blieben, und sie sind stolz darauf, Vertreter einer der ältesten christlichen Traditionslinien in der ganzen Welt zu sein. Der Bericht von der Flucht der Heiligen Familie nach Ägypten, um den Mordplänen des Herodes zu entkommen, hat in dieser Tradition einen ganz besonderen Stellenwert.

Die frühe koptische Christenheit musste sich zum einen gegen den Polytheismus der benachbarten Stämme und zum anderen gegen die Philosophien der griechisch-römischen Welt behaupten. Um den eigenen Glauben intellektuell zu verteidigen, gründeten die ägyptischen Christen in Alexandria eine hochrangige Universität, an der Studenten aus allen Ländern rund um das Mittelmeer christliche Theologie studierten. Die Unterrichtssprache in Alexandria war nicht Latein, sondern Griechisch.

Alexandria war in den ersten fünf Jahrhunderten des Christentums eines der großen Zentren des christlichen Glaubens (neben Rom, Konstantinopel, Antiochia in Syrien und Jerusalem). Kirchenväter wie Origines, Clemens und Athanasius stammten ebenso aus Ägypten wie der Irrlehrer Arius. Das Christentum hatte in Nordafrika eine starke Basis. Über fünfhundert Jahre lang war es die Mehrheitsreligion in dieser Region.

Auch die Wüstenväter, die christlichen Einsiedler und Mönche, die die Grundlagen für alle späteren monastischen Bewegungen legten, kamen aus Ägypten. Bereits im Jahr 270 n. Chr. konnte der heilige Antonius, der Ägypter war, seine Schwester einer klösterlichen Gemeinschaft anvertrauen. Im Jahr 305 n. Chr. gründete Antonius die ersten Gemeinschaften christlicher Einsiedler und empfahl ihnen, aus den Städten in die Wüste zu gehen, wo sie sich mehr auf das geistliche Leben konzentrieren konnten. Im vierten Jahrhundert hatte fast jede Stadt in Ägypten ein Kloster in der näheren Umgebung.

Die Christenverfolgungen durch die römischen Kaiser Nero, Decius und Diokletian trafen die christliche Kirche in Ägypten schwer. Allein Diokletian ließ so viele Christen in Ägypten töten, dass der koptische Kalender seine Zeitrechnung mit dem „Jahr der Märtyrer" beginnt. Seit dem ersten christlichen Jahrhundert gehören die Kopten nach Ägypten, aber seit der Ausbreitung des Islam sind sie zu einer diskriminierten Minderheit geworden. Heute stellen sie noch etwa zehn bis zwölf Prozent der ägyptischen Bevölkerung und sehen sich von radikalen islamistischen Gruppen wie der Muslimbruderschaft oder dem Islamischen Staat bedroht. Anschläge auf christliche Kirchen sind leider keine Seltenheit. Koptischen Babys wird meist ein kleines Kreuz auf die Handgelenke tätowiert. Dadurch sind Christen etwa in einem Bus oder Zug leicht erkennbar, wenn sie sich zum Beispiel festhalten.

Mohammed wurde etwa 570 n. Chr. in Mekka geboren, am Westrand der Arabischen Halbinsel. Seine erste prophetische Vision hatte er im Jahr 610, ein Ereignis, das später die „Nacht der Bestimmung" genannt wurde. Als man in Mekka weder seine göttlichen Visionen noch seinen damit verbundenen politischen Machtanspruch anerkennen wollte, verließ er Mekka und machte 622 mit seinen Anhängern die berühmte Reise nach Medina, die *Hidschra*. Die Geschichte der *Hidschra* kennen muslimische Kinder ebenso gut wie christliche Kinder die Weihnachtsgeschichte. Die *Hidschra* markiert das Jahr null des islamischen Kalenders; Muslime leben also heute im vierzehnten Jahrhundert muslimischer Zeitrechnung. Als Mohammed 632 n. Chr. starb, beherrschte er praktisch die gesamte Arabische Halbinsel und hatte die dritte und letzte abrahamitische Religion dieser Welt begründet.

Mohammed hatte damit gerechnet, dass Juden und Christen ihn als den letzten Propheten anerkennen würden. Muslimen gilt er in der Tat als das „Siegel der Propheten", mit dem die göttliche Offenbarung ihren Höhepunkt und Abschluss findet. Aber nach der Übersiedelung nach Medina, wo er mit vielen Juden in Kontakt kam, musste er erkennen, dass die meisten von ihnen ihn nie anerkennen würden. Er brach die Beziehung zu den Juden ab und demonstrierte den Bruch, indem er seine Gebetsrichtung veränderte: Statt in Richtung Jerusalem verneigte er sich von da an in Richtung Mekka (Sure 2:144).

Nach Mohammeds Tod breitete sich der Islam rasch westlich und nördlich der Arabischen Halbinsel aus. Als die arabischen Muslime nach Ägypten kamen, fanden sie dort eine hoch entwickelte Zivilisation vor, die der der arabischen Invasoren weit überlegen war. Von 639 bis 642 n. Chr. belagerten die Nachfolger Mohammeds das überwiegend christliche Alexandria und nahmen die Stadt schließlich ein.

Im erwähnten Goldenen Zeitalter des Islam (750–1258 n. Chr.) blühten die Universitäten auf; wissenschaftliche Fortschritte waren enorm. Das mathematische Genie der Araber zeigte sich in der Entwicklung der Algebra. Islamische Gelehrte studierten die Philosophen des griechischen Altertums und bauten auf ihren Schriften auf. Der Islam expandierte durch Handel, militärische Eroberung und intellektuelle Überlegenheit.

Die heutigen Ägypter sind Nachfahren der arabischen Eroberer und der einheimischen ägyptischen Bevölkerung. Sie sind fast ausschließlich Sunniten, wie 85 Prozent der Muslime in aller Welt. Die restlichen 15 Prozent Schiiten leben vor allem im Iran und im Südirak. *Sunna* bedeutet „Brauch", „überlieferte Norm" oder „Vorbild des Propheten". Diese islamische Glaubens- und Pflichtenlehre umfasst Gehorsam gegenüber dem Koran und Respekt gegenüber der Weisheit und dem Leben des Propheten. Die überlieferten Aussprüche und Handlungen des Propheten und einiger führender Geistlicher, die zu biografischen Sammlungen zusammengestellt sind, sind die *Hadithe*. Im sunnitischen Islam gibt es vier Rechtsschulen. In Ägypten folgt die Mehrheit der Muslime (und auch meine Familie) der hanafischen Schule.

Seit der Invasion der Perser 341 v. Chr. stand Ägypten immer unter der Vorherrschaft fremder Mächte. Die Perser, dann die Griechen, Römer, Byzantiner, Araber, die Osmanen und später die Franzosen und die Engländer – alle betrachteten Ägypten als Kolonie. Aber seit 642 n. Chr. war Ägypten kulturell und religiös islamisch geprägt.

Die Kopten bildeten immer eine beträchtliche religiöse Minderheit und litten oft unter Diskriminierung. Ich selbst gehörte zu denen, die die Kopten demütigten. In der Grundschule hatte ich einen koptischen Mitschüler. Ich weiß noch seinen Namen: Gad. Ich habe ihm das Leben zur Hölle gemacht. Meine Klassenkameraden und ich drangsalierten ihn jeden Tag. Wir beschimpften ihn mit Namen, die für Christen reserviert waren – „Kreuzhund", „Ungläubiger", „Blauknochen". Einmal haben wir ihn sogar verprügelt und verlangt, er solle die *Schahada* zitieren, das islamische Glaubensbekenntnis. Er hat es getan, um weiteren Schlägen zu entgehen. Aber ich bin mir sicher, dass wir an jenem Tag keinen Muslim aus ihm gemacht haben, und ich schäme mich zutiefst dafür, wie wir ihn behandelt haben.

Im muslimischen Ägypten gab es einmal auch christliche Mönchsorden. Einer der muslimischen Kalifen erließ die Vorschrift, dass die christlichen Mönche Kreuze um den Hals tragen mussten. Die Kreuze waren so schwer, dass die Mönche nur gebückt gehen konnten und die oberen Wirbel hervortraten. Sie bekamen blaue oder schwarze Flecken auf der Haut. Daher haben wir muslimische Jungen koptische Christen als „Blauknochen" beschimpft. Ein anderer Schmähbegriff für Kopten ist „Ölheini" – er bezieht sich darauf, dass die Kopten Öl zum Salben und Heilen von Wunden verwenden. Und dann gibt es noch den „Kreuzhund" – eine Kombination von zwei Dingen, die im Islam äußerst verächtlich sind: Hunde und das Kreuz.

Trotzdem führten Kopten auch unter muslimischer Herrschaft oft ein erfolgreiches Leben. Sie wussten, dass man sie jederzeit des Landes verweisen konnte. Sie legten daher ihr Geld nicht in Immobilien an, sondern in beweglichen Gütern, zum Beispiel in Schmuck und Edelsteinen. Auf diesem Gebiet entwickelten sie ausgezeichnete Kenntnisse, die sie auch mitnehmen konnten, falls sie emigrieren mussten. Viele brachten es in der Regierung oder im Geschäftsleben zu hohen Positionen. Aber diese Erfolge konnten sich auch gegen sie wenden. So war beispielsweise ein koptischer Christ zum leitenden Chefarzt des Polizeikrankenhauses aufgestiegen, was einflussreichen muslimischen Politikern ein Dorn im Auge war. In der Folge beförderten sie meinen Bruder, den rangnächsten muslimischen Arzt, an seine Stelle.

Im Lauf meines Lebens hat sich die Lage für die Kopten in Ägypten verschlechtert. Anwar el-Sadat islamisierte Ägypten und änderte die Verfassung dahingehend, dass die ägyptische Rechtsprechung nicht im Widerspruch zum Scharia-Gesetz stehen darf. Er förderte den Islam durch die Gründung einer streng islamischen Universität als Konkurrenz zur Universität von Kairo. Da zum Curriculum dieser Universität ein Jahr Islamstudien gehört, können Christen dort nicht studieren. In jüngerer Zeit hat die Muslimbruderschaft mehr Einfluss gewonnen, ihn aber auch wieder verloren.

Ein Beispiel für schlimme Entwicklungen, wenn Islamisten in Ägypten an die Macht kommen, ist die Herabsetzung des heiratsfähigen Alters für Mädchen auf neun Jahre. So alt war Mohammeds jüngste Ehefrau Aisha, als er sie heiratete. Eine Verheiratung in diesem Alter ist damit durch das Vorbild des Propheten und durch das Scharia-Gesetz legitimiert.

Politische Entscheidungen wie diese lassen nicht nur ägyptische Christen, sondern die meisten Europäer erschauern. Wir können nur beten, dass Gott die koptischen Christen mit Mut und Glaubensstärke segnet, damit sie ihrem Glauben unter derart schwierigen Verhältnissen treu bleiben.

11
Israel und die Muslime

Parallel zur christlichen und muslimischen Geschichte Ägyptens verläuft die Geschichte Israels, und zwar die des Altertums und die in der Moderne. Zu sagen, dass Israel und Ägypten eine lange und komplizierte gemeinsame Vergangenheit haben, wäre noch milde ausgedrückt. Nach dem biblischen Buch Exodus beginnt die Geschichte Israels in Ägypten. Die biblische Geschichte Israels macht auch klar, dass es zwischen Israel und Ägypten viele Parallelen im Blick auf Religion und Gesellschaft gibt. So kannte die Religion des alten Ägypten schon lange den Gedanken vom Sterben und Auferstehen eines Gottes – des Sonnengottes – und auch die Vorstellung von einem Letzten Gericht und einem Paradies für die Gläubigen. Mose selbst wurde wie ein Prinz am Hof des Pharao in Ägypten erzogen; zwei Söhne Josefs (Ephraim und Manasse) hatten eine ägyptische Mutter. Das alte Israel wurde in Ägypten geboren – und dasselbe könnte man vom heutigen Israel auch sagen.

Denn Ägypten, Syrien und andere Staaten im Nahen Osten förderten die Bedingungen, die zur Stärkung des modernen Staates Israel führten. Philo von Alexandria berichtet, dass es zur Zeit von Jesus etwa eine Million Juden in Ägypten gab, fast ein Achtel der ägyptischen Bevölkerung.[39] Viele Juden waren zur Zeit des Babylonischen Exils nach Ägypten ausgewandert und hatten sich dort zu einer wirtschaftlich und intellektuell blühenden Teilgesellschaft entwickelt (vgl. Jeremia 41,16–42,22). Unter den muslimischen Arabern verlief ihre Geschichte wechselvoll: Zuzeiten genossen sie relativen Frieden und Wohlstand, dann wieder litten sie unter übermäßiger Besteuerung und Verfolgung. Bis zum Jahr 1917 hatte sich die Anzahl der in Ägypten lebenden Juden auf etwa 60 000 reduziert[40]. Und 1956 wies Nasser während der Suezkrise die meisten Juden, die jahrhundertelang in Ägypten gelebt hatten, aus, um sein panarabisches Programm durchzusetzen. Aber wohin sollten sie gehen? Sie waren Flüchtlinge ohne ein eigenes Vaterland. Nachdem die Schrecken des Holocaust die politischen Bedingungen geschaffen hatten, die zur Gründung des modernen Staates Israel führten, kamen durch die Suezkrise weitere Juden ins Land.

Um ein Staatsgebiet für den neu zu gründenden Staat Israel zu bekommen, kauften Juden Land von Palästinensern. Aber die Israelis unter der Führung von David Ben-Gurion und Golda Meir töteten auch etliche Palästinenser und vertrieben viele Männer, Frauen und Kinder von dem Land, das sie jahrhundertelang bewohnt und bearbeitet hatten. Die israelische Regierung installierte ein „Komitee für den Transfer der Bevölkerung", das die Umsiedelung der Palästinenser organisieren sollte.[41] Die Kriege 1947, 1948 und 1967 führten zu Flucht und Vertreibung weiterer Hunderttausender Palästinenser. Nach der Gründung des Staates Israel ließ die israelische Regierung 1948 mehr als 400 palästinensische Dörfer räumen und zerstören; mehr als 100 000 Palästinenser wurden ausgewiesen.[42]

Ein Teil der Vertriebenen waren Christen. Eine der ältesten christlichen Traditionslinien, die Maroniten, ist palästinensisch. Sie führen sich zurück auf einen syrisch-aramäischen Mönch, den heiligen Maron von Belt, der im 5. Jahrhundert n. Chr. lebte.

Die Geschichte der Feindseligkeit gegenüber den „Leuten des Buches", den Juden, ist lang. Hauptquelle dieses Konflikts ist der schon Jahrhunderte während Streit um Jerusalem. Zur Zeit Mohammeds war der Tempel in Jerusalem bereits zweimal erbaut und wieder zerstört worden. Die Babylonier zerstörten den Tempel Salomos 587 v. Chr.; die Römer den herodianischen Tempel 70 n. Chr. Aber der Standort des Tempels wurde nicht vergessen. Justinian, christlicher Kaiser von Konstantinopel, ließ gegen 540 n. Chr. in der Nähe die Kirche Sancta Maria Nova errichten. 619 erlebte Mohammed seine „Nachtwanderung" von Mekka nach Jerusalem auf einem fliegenden Maultier.[43] In dieser Vision betete Mohammed bei einem Felsen an der Stelle, wo der Tempel des Altertums gestanden hatte. Anschließend wurde er in den siebten Himmel versetzt, wo er die früheren Propheten Allahs traf und sie im Gebet leitete. Er sprach mit Allah darüber, wie oft ein Muslim beten müsse. Er erblickte Bewohner des Himmels wie der Hölle und kehrte dann nach Mekka zurück.

Sein direkter Nachfolger Umar erbaute an der erwähnten Stelle ein erstes Gebäude; später, etwa im Jahr 705 n. Chr. ließ Kalif Abd al-Malik die al-Aqsa-Moschee auf diesem Gelände errichten. Der Tempelberg mit der al-Aqsa-Moschee und dem Felsendom gilt als die dritttheiligste Stätte des sunnitischen Islam. Um ihn wie um ganz Jerusalem wurde seit Jahrhunderten gekämpft. Der Tempelberg ist ein heiliger Ort für Juden, Muslime und viele Christen. Ich sage „viele Christen", weil ich persönlich diese Überhöhung von historischen Stätten nicht teilen kann.

Im Islam gelten der Tempelberg, Mekka und andere Lokalitäten als heilig. Für Juden ist nicht nur der Tempelberg, sondern das ganze Land Israel heilig – wie es der Name Heiliges Land ja auch sagt. Jesus allerdings widersprach der Vorstellung, dass es besonders heilige Orte gebe. Im Gespräch mit der samaritanischen Frau am Jakobsbrunnen sagt er, weder Jerusalem noch Samaria sei der richtige Ort, um Gott zu verehren; vielmehr müsse man Gott „im Geist und in der Wahrheit" anbeten (Johannes 4,24). Außerdem sei sein Reich „nicht von dieser Welt" (Johannes 18,36). Später nennt der Apostel Paulus die Kirche heilig – und er meint ganz sicher kein Gebäude, sondern die *Menschen,* die zur Gemeinde gehören.

Meiner Ansicht nach stellt dieser Gedanke, dass nicht Orte heilig sind, sondern die Menschen, die zu Gott gehören, vielleicht das einzige Heilmittel für den Konflikt um Jerusalem dar. Mir ist bewusst, dass das nach Traumtänzerei klingt – aber Christen sollten wissen, dass es im Entscheidenden nicht darauf ankommt, Land zu beherrschen oder zu besetzen. Denn der Glaube ist nicht an ein bestimmtes Fleckchen Erde gebunden. Muslime und auch Zionisten sind dagegen überzeugt, dass Besitz und Kontrolle des Landes wesentlich zu ihrem Glauben gehören. So widersprechen sie Jesus und verfechten aus meiner Sicht den Standpunkt, dass ihr Reich sehr wohl von dieser Welt sein muss.

Ich bedauere es, dass viele evangelikale Christen in den USA diese Frage ganz anders beurteilen. Sie setzen den heutigen Staat Israel mit dem Volk Gottes gleich und betrachten selbst die arabischen Christen in den Palästinensergebieten als Feinde Israels. Sie unterscheiden nicht zwischen einem Volk Israel der Antike und einem modernen Staat und glauben, wenn sie das heutige Israel unterstützen, stünden sie damit auf der Seite des alten Gottesvolkes. Aufgrund dieser undifferenzierten Sicht hat der moderne Staat Israel von einflussreichen amerikanischen Evangelikalen unfassbar viel Unterstützung für seine Politik gegenüber den Palästinensern erhalten. Nicht wenige haben ihre finanziellen Mittel und Verbindungen zu den Medien genutzt, um den Staat Israel zu unterstützen. Sie finanzieren die Einreise von Juden aus Russland, dem Nahen Osten, den USA und anderswo nach Israel, um das moderne Israel zu bevölkern, weil sie hoffen, damit die Wiederkunft des Messias beschleunigen zu können.

Bei einem Seminar in Palästina, das ich besuchte, sprach ein christlicher Referent zu einer weitgehend arabischen Zuhörerschaft über die künftige Rolle Israels. Die Palästinenser, so lautete seine These, hätten die Gnade Gottes verwirkt, weil sie Israel bekämpften. Deswegen sollten sie im modernen Israel kein Wohnrecht haben – und später im himmlischen Jerusalem ebenfalls nicht. Ein ägyptischer Mitchrist verließ daraufhin den Saal – und ich bin sicher, es gab noch andere, die dasselbe empfanden wie er.

In einem Aspekt ähneln Zionisten den islamistischen Hardlinern. Beide glauben, Gott habe ihnen das Land versprochen. Beide glauben, dass sie ein Recht auf ein bestimmtes Territorium haben. Beide berufen sich auf Abraham als ihren Stammvater. Beide glauben, wenn sie nur erst einmal das Land gereinigt haben, werde Gott wieder unter ihnen wohnen. Und beide sind bereit, sich das beanspruchte Territorium auch mit Gewalt zu nehmen. Viele Dschihadisten würden den Staat Israel am liebsten zerstören. Wenn Zionisten bereit sind, die Palästinensergebiete zu zerstören, stehen sie ihnen politisch gesehen gefährlich nahe.

Christliche Zionisten berufen sich auf die Verheißung Gottes an Abraham in 1. Mose 15,18 und 17,8 und glauben, dass diese Verheißung noch immer wortwörtlich so gilt und auf die heutigen Palästinensergebiete angewendet werden kann: „An diesem Tag schloss der Herr mit Abram folgenden Bund: Deinen Nachkommen gebe ich dieses Land vom Grenzbach Ägyptens bis zum großen Strom Eufrat" (1. Mose 15,18). „Dir und deinen Nachkommen gebe ich ganz Kanaan, das Land, in dem du als Fremder weilst, für immer zu Eigen und ich will ihnen Gott sein" (1. Mose 17,8).

Interessanterweise enthält die erste Erwähnung des Gottesbundes mit Abraham in 1. Mose 12 überhaupt keine Landverheißung. Hier werden Abraham ein großer Name und göttlicher Segen für alle Völker verheißen: „Ich werde dich zu einem großen Volk machen, dich segnen und deinen Namen groß machen. Ein Segen sollst du sein. Ich will segnen, die dich segnen; wer dich verwünscht, den will ich verfluchen. Durch dich sollen alle Geschlechter der Erde Segen erlangen" (1. Mose 12,2-3).

In der ersten Gottesverheißung an Abraham geht es Gott darum, dass Abraham ein Segen für alle Völker sein soll – nicht ihr Eroberer.

Wer darauf beharrt, dass die Landverheißung, die Gott Abraham gegeben hat, heute noch unverändert gültig ist, ignoriert die fast viertausend Jahre Geschichte, die seitdem vergangen sind, zu der auch die Zeit des Neuen Testamentes gehört. Er ignoriert außerdem, dass die biblische Offenbarung fortschreitet und Verheißungen aus dem Alten Testament sich im Neuen Testament auf neue und überraschende Weise erfüllen.

Die Israeliten des Alten Testaments wurden mehrfach aus Israel ins Exil geführt. Assyrer und Babylonier führten sie aus ihrem Land weg; später wurde Israel von Ägyptern, Syrern, Griechen und Römern unterworfen und zum Teil auch beherrscht. Den Grund für diese Vertreibung aus dem eigenen Land sehen die Propheten ganz klar darin, dass Israel Gott die Treue gebrochen hat. Gottes Volk hatte den Bund gebrochen, den Gott mit ihm geschlossen hatte, deswegen wurde ihm das Land, das ein Zeichen des göttlichen Segens gewesen war, genommen; der Segen hatte sich in Fluch verwandelt. Einen Anspruch auf das Land hatte Israel nie; immer war das Land als eine Gabe und ein Geschenk Gottes verstanden worden. In 3. Mose 25,23 lesen wir: „Das Land darf nicht endgültig verkauft werden; denn das Land gehört mir und ihr seid nur Fremde und Halbbürger bei mir." Treue gegenüber Gott, dem eigentlichen Besitzer des Landes, und seinem Gesetz war die Voraussetzung dafür, das Land zu behalten.

Gott hatte Israel das Land gegeben, damit es einen Ort gebe, an dem sein Volk die Gerechtigkeit Gottes vor aller Welt zeigen konnte. Aber es war immer nur eine Gabe, die daran gebunden war, dass Israel dort gemäß dem Gesetz Gottes lebte.[44] Dass Israel ein Modell für ein Leben gemäß dem Willen Gottes sein sollte, geht auf die Beziehung Gottes zu Abraham, dem Stammvater Israels, zurück. Bevor Gott das Gericht über Sodom vollstreckt, sagt er: „Soll ich wirklich vor Abraham verbergen, was ich mit Sodom und Gomorra vorhabe? Nein, ich will es ihm nicht vorenthalten, schließlich wird er durch mich zum Stammvater eines großen und mächtigen Volkes. Und nicht nur das, alle Völker der Erde sollen durch ihn am Segen teilhaben. Ich selbst habe ihn dazu auserwählt, dass er auch seine Familie und seine Nachkommen so zu leben lehrt, wie es mir gefällt. Sie sollen das Recht achten und Gerechtigkeit üben, damit ich meine Zusage einlösen kann, die ich Abraham gegeben habe" (1. Mose 18,17-19).

Bundestreue und Verheißung sind im Alten Testament unauflöslich miteinander verbunden. Der Stammvater dieses Bundesverhältnisses, Abraham, wird allen Völkern als Beispiel und Vorbild dafür vor Augen gestellt, wie ein Leben aussieht, das Gott gefällt. Als Abrahams Nachkommen dieses Bundesverhältnis verletzten, haben sie den Anspruch auf die Verheißungen des Bundes verloren. In 5. Mose 28 erläutert Mose diese Gesetzmäßigkeit: „Wenn ihr aber nicht auf den Herrn, euren Gott, hört und nicht all seine Gebote und Ordnungen befolgt, die ich euch heute gebe, dann wird sein Fluch euch treffen" (V. 15).

„Der Herr bringt euch und den König, den ihr eingesetzt habt, zu einem Volk, das weder ihr noch eure Vorfahren gekannt habt. Dort dient ihr anderen Göttern aus Holz und Stein" (V. 36).

„Die Ausländer unter euch werden immer reicher und angesehener, während ihr selbst immer tiefer im Elend versinkt. Nicht sie werden von euch etwas leihen, sondern ihr von ihnen. Sie werden über euch herrschen, und ihr müsst euch unterwerfen" (V. 43-44)

„Er wird euch fortjagen zu fremden Völkern, bis in die fernsten Länder der Erde. Dort werdet ihr fremden Göttern aus Holz und Stein dienen, die euch und euren Vorfahren unbekannt waren" (V. 64).

Wann immer Israel in seiner Geschichte die Bundestreue zu Gott verletzte, erlebte es auch den „Bundesfluch".

Als Jesus in Israel lebte, konnte er das Land, das er durchwanderte, nicht sein Eigen nennen; es stand unter der Kontrolle der Römer. Zu seiner Zeit waren es die Zeloten, die den Römern das Land durch einen gewaltsamen Aufstand wieder entreißen wollten. Jesus hat diesen zionistischen Plan wiederholt zurückgewiesen.[45] Es war nie sein Ziel, einen neuen Davidstaat zu errichten. Vielmehr war es sein Auftrag, das Reich Gottes zu verkünden, das, wie er sagt, „nicht von dieser Welt" ist. Als einer der Jünger Jesus im Garten Gethsemane mit dem Schwert verteidigen will, antwortet er ihm: „Ist dir denn nicht klar, dass ich meinen Vater um ein ganzes Heer von Engeln bitten könnte? Er würde sie mir sofort schicken" (Matthäus 26,53).

Die Überzeugung, dass das messianische Zeitalter erst anbrechen könne, wenn es einen neuen Staat Israel gibt, übersieht, dass der Messias selbst mit keinem Wort verlangt, dass die Juden nach Israel zurückkehren müssten, bevor er wiederkommt. Er verurteilt diejenigen, die ein irdisches, politisches Reich auf der Basis der jüdischen Identität errichten wollen. Stattdessen macht er das Reich Gottes denen zugänglich, die zu Gott umkehren und sich taufen lassen. Nach seiner Auferstehung fragen ihn seine Jünger: „Herr, ist jetzt die Zeit gekommen, in der du das israelitische Reich wiederherstellst?" Jesus antwortet ihnen: „Es steht euch nicht zu, Zeitspannen und Zeitpunkte zu kennen, die der Vater festgelegt hat und über die er allein entscheidet. Aber wenn der Heilige Geist auf euch herabkommt, werdet ihr mit seiner Kraft ausgerüstet werden, und das wird euch dazu befähigen, meine Zeugen zu sein – in Jerusalem, in ganz Judäa und Samarien und überall sonst auf der Welt, selbst in den entferntesten Gegenden der Erde" (Apostelgeschichte 1,6-8).

Jesus macht hier nicht bloß eine Aussage darüber, dass der Zeitpunkt seiner Wiederkunft unbekannt bleibt. Er sagt auch etwas über das Wesen der Erlösung und über das Land. Er verneint die Frage seiner Jünger. Damit sagt er in meinen Worten Folgendes: „Nein, ich werde weder jetzt noch irgendwann anders Israel als politische Größe wiederherstellen. Mein Volk wird aus den Menschen bestehen, denen ich meinen Geist sende. Und sie werden ganz sicher aus Judäa und Samaria kommen, aber das ist nur der Anfang. Mein Geist wird Zeugnis von mir geben und Menschen aus der ganzen Welt werden Bürger meines Reiches sein." Die Juden, die die Ausgießung des Geistes in Jerusalem miterlebten, zählen sicher zu denen, die Jesus hier meint; aber dass sie als Erste zum Reich Gottes gehören durften, erfordert in keiner Weise die Errichtung eines zionistischen Staates.

Die Vorstellung, vor der Wiederkunft von Jesus müssten Christen nach Jerusalem kommen oder Juden müssten wieder in Israel leben, lässt sich ebenfalls nicht mit der Bibel belegen. Die Pfingstgeschichte zeigt, dass die Kirche von Anfang an eine internationale Gemeinschaft war, die keinen anderen „heiligen Raum" besaß oder beanspruchte. Die Forderung, neu bekehrte Christen müssten zuerst Juden werden, weist Paulus sowohl im Römer- als auch im Galaterbrief nachdrücklich zurück. In beiden Briefen betont er, dass nicht diejenigen Söhne und Töchter Abrahams sind, die genetisch von ihm abstammen oder dasselbe Land bewohnen wie er, sondern die, die seinen Glauben teilen. Römer 4,9-17 entfaltet dieses Argument und schließt mit Vers 17: „... genau wie es in der Schrift heißt: ‚Ich habe dich zum Vater vieler Völker gemacht.' Ja, in Gottes Augen ist er das, denn er vertraute auf ihn, den Gott, der die Toten lebendig macht und das, was nicht ist, ins Dasein ruft."

Auch Johannes der Täufer hatte schon die Bedeutung der Zugehörigkeit zum jüdischen Volk relativiert: „Meint nicht, ihr könntet euch darauf berufen, dass ihr Abraham zum Vater habt. Ich sage euch: Gott kann Abraham aus diesen Steinen hier Kinder erwecken" (Matthäus 3,9).

Jesus hat nicht versucht, die römische Fremdherrschaft in seinem Land zu beseitigen. Aber heutige Zionisten, Christen wie Juden, wollen Palästinenser und Araber vertreiben, von denen viele Christen sind, nur um ihre expansionistischen Pläne für den Staat Israel durchzusetzen. Doch der christliche Glaube dreht sich nicht um die Ausbreitung des Staates Israel; er dreht sich darum, dass *Adonai* (der Herr) all diejenigen belohnt, die ihn lieben. Und die, die er liebt, wird er mit einer neuen Stadt beschenken, die nicht mit Händen gemacht und deren Gründer und Erbauer niemals der israelische Premierminister ist, sondern Gott selbst.

Auf den Punkt gebracht: Das Reich Gottes wird nicht auf ein irdisches Territorium aufgebaut, sondern auf Gerechtigkeit. Gott gab seinem Bundesvolk das Land als Geschenk, damit es dort nach Gottes Ordnungen und Recht leben und diese der Welt vor Augen stellen sollte. Als es Gott die Bundestreue brach, verlor es auch den Anspruch auf die Bundesverheißungen. Christus hat Gottes Gerechtigkeit wiederhergestellt und allen Völkern gezeigt, wie sie im Glauben an ihn gerechtfertigt sein können. Niemals hat Jesus auch nur angedeutet, dass Gerechtigkeit oder Rechtfertigung an die physische Präsenz im Territorium Palästinas gebunden sein könnte – oder an eine genetische Abstammung von Abraham.

Für die Ausbreitung des Evangeliums unter arabischen Muslimen ist der Zionismus ein gewaltiges Hindernis. Für die meisten Araber sind Amerikaner – und ganz besonders evangelikale Amerikaner – automatisch Befürworter des Zionismus. Wenn der christliche Zionismus biblisch begründet wäre, dann müssten junge Christen mit einem arabisch-muslimischen Hintergrund sich plötzlich einem System einordnen, das sowohl Muslime als auch Christen getötet und verbannt hat. Sie müssten die Zwangsumsiedelung der Palästinenser durch den Staat Israel als Teil des göttlichen Planes für die Kirche verstehen und glauben, dass die ungerechten Aktionen Israels das notwendige und angemessene Vorspiel für die Rückkehr des Messias sind. Wenn man das sieht, dürfte wohl verständlich sein, warum der christliche Zionismus der christlichen Mission unter Arabern gewaltige Steine in den Weg legt.

Die ganze Problematik wurde mir in einer Begegnung mit einer jungen christlichen Palästinenserin bewusst. Sie kämpfte mit all den vielen Widersprüchen: Bin ich Araberin? Christin? Jüdin? Welche Haltung soll ich gegenüber Israel und den Juden einnehmen? Hätte sie dem geglaubt, was manche evangelikale Prediger verkünden, hätte sie akzeptieren müssen, dass das Heil an das jüdische Volk und den israelischen Staat gebunden ist. Sie hätte sich für einen rein jüdischen israelischen Staat einsetzen müssen, weil nur dieser die Wiederkunft des Messias ermöglicht. Ich habe ihr versichert, dass das alles nicht stimmt. Gott hat sie berufen, er liebt sie, und zwar als arabische Frau, die jetzt eine ungetrübte Beziehung zu Gott haben kann: durch Christus – und nicht durch Israel oder christliche Zionisten.

Die Situation der arabischen Christen dort ist kompliziert. Bei einer meiner Reisen nach Israel besuchte ich eine christliche Gemeinde, die es schwer hatte. Sie bestand überwiegend aus armen arabischen Christen. Israelis wie Muslime in der Nachbarschaft begegneten den Christen feindselig – Muslime lehnten sie ab, weil sie Christen waren, und Israelis lehnten sie ab, weil sie Araber waren.

Im Gazastreifen traf ich einen palästinensischen Christen, der in den USA aufgewachsen war und nun dort Englisch unterrichtete. Außerdem hatte er eine Arbeit mit behinderten Kindern aufgebaut. Auf unserem Weg vom Hotel zur Universität ließ einer seiner Studenten ihm eine Nachricht zukommen: „Du musst sofort verschwinden. Die Hamas will dich kidnappen."[46]

Wäre die Nachricht eine Minute später gekommen, hätten sie uns entführt. Ich war zwar nicht das eigentliche Ziel des Entführungsplans, aber sie hätten mich sicher gern als Zugabe genommen und auch für mich Lösegeld gefordert. In den Palästinensergebieten können religiöse und politische Differenzen einen das Leben kosten.

Manchmal werden schon palästinensische Kinder darauf vorbereitet, für ihr Land zu sterben. Sie singen den arabischen Vers: „Millionenfach, millionenfach sterben wir für Palästina."[47] Der Freund, der sich um behinderte Kinder kümmert, ist zugleich ein guter Musiker. Als Kind eines Amerikaners und einer Palästinenserin hat er schon als Kind Arabisch gelernt. Er bringt seinen Kindern christliche Lieder bei. Die Kinder waren befremdet, als davon die Rede war, dass jemand für sie gestorben ist, und haben nicht erwartet, dass *sie* ihr Leben hingeben. Bei einem seiner Konzerte wurde auf ihn geschossen (vermutlich durch einen Vertreter der Hamas); der Schuss traf die Gitarre. Später wurde mein Freund von den Israelis aus den Palästinensergebieten ausgewiesen. Ich weiß nicht, unter welchem Vorwand; die Wahrheit dürfte sein, dass sie keinen amerikanischen Palästinenser im Gazastreifen gebrauchen konnten, der die Palästinenser liebt und von ihnen geliebt wurde.

Die beiden wichtigsten palästinensischen politischen Parteien sind die Fatah und die Hamas. Die Fatah steht Israel und dem Westen offener gegenüber, aber sie ist zugleich verschlagener. Sie hat in großem Stil Hilfsgelder aus dem Westen veruntreut; es floss in pompöse Villen mit Blick aufs Mittelmeer. Die Hamas verwaltete zunächst die Gelder ehrlicher; bedürftige Palästinenser wurden sogar von ihr unterstützt, als sie nicht an der Macht war. 2006 gewann die Hamas die Wahlen. Die Partei ist extrem israelfeindlich und antiwestlich. Als schiitische Gruppierung ist sie dem sunnitischen Saudi-Arabien und der Mehrheit der arabischen Sunniten ein Dorn im Auge.

Ein junger Mann, dessen Vater ein führendes Hamasmitglied war, kam zum Glauben an Christus. Er blieb noch eine Weile in Palästina, aber irgendwann musste er einsehen, dass er es nicht riskieren konnte, von den radikal islamischen Hamas-Leuten als Christ erkannt zu werden. Was ihn zu Christus geführt hatte, war der Satz: „Liebe deine Feinde." Das war für ihn viel radikaler als der radikalste Islam. Mithilfe unserer Organisation konnte er die Palästinensergebiete verlassen; er lebt heute in den USA. Seine Geschichte ist unter dem Titel *Sohn der Hamas* (Autor: Mosab Hassan Yousef, Holzgerlingen 2010) bekannt geworden.

Bei einem anderen Aufenthalt in den Palästinensergebieten wurde ich gebeten, zwei christliche Konvertiten zu treffen, die zur Hamas gehört hatten. Sie berichteten mir von den Konflikten, die es mit sich brachte, zugleich Christ und Hamas-Mitglied zu sein. Von ihrer Konversion hatten sie niemandem etwas erzählt. Bald darauf traf ich zwei weitere Hamas-Leute, die Christen waren. Sie wussten nicht, ob es außer ihnen noch Christen in der Hamas gab – und sie wollten es auch gar nicht wissen. Um die Sicherheit dieser Mitchristen nicht zu gefährden, lehnten sie es ab, Namen zu erfahren, die sie möglicherweise kompromittieren könnten.

In den Palästinensergebieten kann ein israelischer Soldat, der Christ mit jüdischem Hintergrund ist (also messianischer Jude), in Situationen geraten, in denen er gezwungen ist, auf einen palästinensischen Christen zu schießen. Ich kenne einen solchen Fall. Der Soldat sollte ein palästinensisches Haus nach Waffen durchsuchen. Er bemerkte ein Kreuz und andere christliche Symbole, konnte sich jedoch als israelischer Soldat nicht als Christ zu erkennen geben.

1947 war fast die Hälfte der Einwohner Jerusalems Christen; heute sind es nur noch drei Prozent.[48] Viele Araber und messianische Juden erleben in Israel Diskriminierung in der Form von Konfiszierung von Land, willkürlicher Verweigerung von Baugenehmigungen, Einbehalten des Personalausweises, Isolation durch Mauern, die durch Gärten und Weinberge gezogen werden. Israelis nutzen jedes Mittel, legal und illegal, um die Kontrolle im Land zu sichern. Jüdische Anwälte nutzen israelisches, britisches und sogar osmanisches Recht, um die willkürliche Beschlagnahme von Land zu begründen. Und wenn sich keine gesetzliche Grundlage finden lässt, ist man bereit, illegale Siedlungen zu errichten. Und die westliche Welt sieht nur zu und ringt die Hände.

Infolge dieser Diskriminierung haben Tausende palästinensischer Christen das Land verlassen. Heute gibt es nur noch sehr wenige Christen in den Palästinensergebieten. Der frühere palästinensische Botschafter in Großbritannien und beim Heiligen Stuhl, Afif Safieh, hat vor dem Weltkirchenrat berichtet: „Heute gibt es mehr christliche Palästinenser in Chile als in Palästina; es gibt mehr Christen *aus* Jerusalem in Sydney in Australien als Christen *in* Jerusalem."[49]

Vielleicht kann man verstehen, dass die Araber alles, was schiefläuft, den Israelis anlasten. Wenn sich jemand den Fuß an einem Stein stößt, verwünschen sie die Israelis, die ihnen den Stein in den Weg gelegt hätten. Zahllose Verschwörungstheorien über Israel sind im Umlauf, die jedes Übel, das im Nahen Osten zu beklagen ist, auf die finsteren Machenschaften des Mossad und der CIA zurückführen. Manche dieser Theorien sind äußerst fantasievolle Geschichten über Verschwörungen von Juden, Amerikanern oder „Kreuzzüglern". Einer meiner jüngsten Favoriten ist das Gerücht, Israelis und Amerikaner seien die Drahtzieher der ägyptischen Revolution gewesen. Um die Menschen zu motivieren, hätten die Amerikaner angeblich die Filialen von Kentucky Fried Chicken in Ägypten bestochen, damit diese kostenlose Mahlzeiten an alle austeilten, die für die Unabhängigkeit kämpften.

Trotz alledem: Die bewegendste geistliche Erfahrung, die ich je gemacht habe, hatte ich in Israel. Ich hatte eine messianische Gemeinde besucht, zu der auch muslimische Konvertiten gehörten. Ein oder zwei der jungen Israelis dort hatten bis vor Kurzem in der israelischen Armee gedient. Ich berichtete der Gemeinde, was Christus unter arabischen Muslimen tat. Sie fragten, ob sie für mich beten dürften, stellten sich um mich herum und beteten für mich – auf Arabisch, Hebräisch und Englisch. Mir kamen die Tränen. Diese Menschen, die traditionell miteinander verfeindet sind, waren im Glauben an Christus zu einer neuen Gemeinschaft geworden und ich hatte nun jüdische Geschwister anstelle von jüdischen Feinden.

Die jüdischen Christen in dieser Gemeinde unterstützten ihre arabischen Brüder und Schwestern finanziell und materiell. Sie feierten gemeinsam Gottesdienst und Abendmahl. Ich konnte nicht fassen, wie viel falscher Hass gegen diese Menschen mir von klein auf eingetrichtert worden war; es war, als ob ein Damm gebrochen war. Ich sah und erlebte, was Einheit in Christus bedeutet und sein kann. Heute glaube ich wirklich, dass es im Nahen Osten nur einen Weg zum Frieden gibt: Christus. Politische Lösungen können nichts anderes sein als ein Waffenstillstand, der irgendwann gebrochen wird. Christus dagegen ermöglicht gegenseitige Liebe und bleibende Versöhnung.

Trotz all der schwierigen Fragen im Blick auf Politik und Identität habe ich in Israel im Kleinen bereits gesehen, was meiner Ansicht nach auch in großem Maßstab geschehen muss. Wieder war es in einer Gemeinde aus messianischen Juden und arabischen Christen. Die Juden wuschen ihren arabischen Brüdern und Schwestern die Füße und baten sie um Vergebung für das, was der israelische Staat ihnen angetan hatte. Die arabischen Christen wiederum baten um Vergebung für den jahrhundertelangen Hass gegen die Juden. Wieder einmal hatten die Liebe Gottes und die Vergebung, die Christus ermöglicht, gesiegt.

12
Ehe und Familie im Islam

Im Jahr 2005 besuchte ich meine Schwester in Ägypten. Wir trafen uns weit weg von unserem Elternhaus in Kairo, damit niemand uns erkennen würde. Wie es Brauch ist, brachte ich ihr ein Geschenk mit: ein französisches Parfum. Sie bedankte sich; ein solches Parfum konnte sie in Ägypten nicht bekommen. Dann sagte sie: „Ich werde es abends auflegen – bevor ich schlafen gehe."

„Was?", fragte ich ungläubig. „Warum willst nur du selbst es für ein paar Minuten schnuppern, bevor du einschläfst? Warum nimmst du es nicht am Morgen und duftest den ganzen Tag?"

„Wenn ich das täte, könnte ich einen Mann verführen", sagte sie.

Ich lachte aus voller Kehle. „Du bist fast sechzig! Und zur ‚Miss Kairo' hat man dich auch noch nicht gewählt. Wen solltest du wohl verführen? Glaubst du wirklich, dass die ägyptische Männerwelt in Sünde verfällt, wenn sie an deinem französischen Parfum schnuppert?"

Sie griff sich einen Kochlöffel und jagte mich durchs Haus, bis wir uns beide vor Lachen schüttelten.

Aber sie hatte reagiert wie eine gute Muslima. Wenn ein Mann verführt wird, ist die Frau schuld. Das bedeutet auch, dass Frauen für einen Ehebruch bestraft werden, während die jeweiligen Männer straffrei ausgehen. Dasselbe Prinzip ist auch der Grund dafür, dass in konservativen islamischen Staaten Frauen lange Gewänder tragen und sich verschleiern. Es ist die Pflicht einer Frau, den Mann vor seiner eigenen Lust zu schützen. Wenn arabische Männer westliches Fernsehen sehen oder in westliche Länder reisen, sind sie oft erstaunt darüber, wie Frauen sich hier kleiden – in ihren Augen schamlos und aufreizend.

Im Westen sieht man in arabischen Frauen häufig missbrauchte Mädchen, die zu früh in eine Ehe gezwungen wurden und anschließend für immer unter dem Schleier verschwinden – was sicher ein Klischee ist. Was stimmt, ist, dass arabische Frauen es meist deutlich schwerer haben als Frauen im Westen. Denn der Islam an sich ist sexistisch. So waren im Jahr 2010 47 Prozent aller Eheschließungen in Katar solche zwischen Blutsverwandten.[50] Und es ist sehr unwahrscheinlich, dass die jungen Frauen dabei sehr viel mitreden durften. Vermutlich liegt in der ganzen arabischen Welt der Prozentsatz von Ehen zwischen Verwandten ähnlich hoch. Eltern wollen die Familie und die kulturellen Gebräuche schützen. Und innerhalb der Familie zu heiraten, ist einer der besten Wege, die Familie zusammenzuhalten. Wie ich schon erwähnte, war das auch in meiner eigenen Familie der Fall.

Eine ägyptische Eheschließung erfolgt in drei Schritten. Am Anfang steht die Verlobung. Der Bräutigam und der Vater der Braut besiegeln sie mit einem Handschlag, wobei ein elegantes Taschentuch zwischen den Händen liegt. Sie rezitieren die erste Sure des Korans und bekräftigen, dass die Braut nun mit dem Bräutigam verlobt ist. Das wird von vier anwesenden Zeugen bestätigt.

Der zweite Schritt besteht im „Schreiben des Buches“: In einem rechtsverbindlichen Ehevertrag wird die Höhe der Brautgabe festgelegt, die der Bräutigam in die Ehe einbringt, ebenso, was damit geschehen soll, falls es zu einer Scheidung kommt. Bei diesem Akt versprechen Braut und Bräutigam einander: „Ich gehe mit dir die Ehe ein gemäß der Lehre Allahs und seines Propheten.“ Selbst bei diesem Versprechen kann die Braut durch einen männlichen Verwandten vertreten werden. Das Eheversprechen bedeutet noch nicht, dass das Brautpaar nun zusammenlebt. Das kann der Fall sein, wenn die Familie sichergehen will, dass es zur Heirat kommt. Aber der Vollzug der Ehe und das gemeinsame Leben beginnen in der Regel erst nach dem dritten Schritt, der festlichen Hochzeitszeremonie.

Die drei Schritte können an ein und demselben Tag vollzogen werden oder sich über Jahre hinziehen. Bei meinem Bruder Moustafa und seiner Frau dauerte die Verlobungszeit sechs Jahre.

Am Tag der Hochzeitszeremonie erhält die Braut die Brautgabe von den Eltern des Bräutigams. Die Brautgabe ist von da an der persönliche Besitz der Braut. Der Ehevertrag legt vor der Eheschließung fest, was der Frau im Fall einer Scheidung zusteht. Da grundsätzlich die Möglichkeit besteht, dass der Mann noch weitere Frauen heiratet, gibt es kein gegenseitiges Treue- oder Liebesversprechen.[51]

Auch meine Schwester Azieza hat einen Cousin geheiratet, einen Sohn meines Onkels Sai'id. Während seines Promotionsstudiums in Frankreich hatte Onkel Sai'id eine sehr attraktive Tschechin geheiratet. Sie war Muslima, es gab also diesbezüglich kein Problem. Es heißt, dass Onkel Sai'id sie sehr geliebt hat. Sie starb bei der Geburt ihres ersten Kindes, aber der Sohn überlebte. Diesen Cousin heiratete meine Schwester später. Er war von seiner Stiefmutter (Onkel Sai'ids zweiter Frau) nicht gut behandelt worden und war froh, durch die Hochzeit mit meiner Schwester dem Einfluss seiner Stiefmutter zu entkommen. Er war Bauingenieur und sehr erfolgreich in seinem Beruf.

Mein Bruder Moustafa heiratete außerhalb der Familie. Während er in Algier arbeitete, lernte er dort eine ägyptische Lehrerin kennen und heiratete sie, obwohl meine Mutter bereits eine Braut für ihn ausgesucht hatte, eine Cousine auf der mütterlichen Seite der Familie. Ich habe bereits erzählt, dass ich mit neunzehn in eine Tochter von Onkel Sai'id verliebt war, eine Cousine ersten Grades und außerdem meine Schwägerin. Hätte ich sie geheiratet, hätten drei von vier Geschwistern in unserer Familie Kinder meines Onkels Sai'id geheiratet.

Das Frauenbild im Islam ist bis heute noch in etwa dasselbe, das schon im siebten Jahrhundert galt. Wie auch zu biblischen Zeiten herrschte im siebten Jahrhundert eine patriarchalische Kultur. Das Erbe wurde den männlichen Nachkommen gegeben; Söhne galten als weitaus wünschenswerter als Töchter. Heute betonen christliche Theologen die Gleichwertigkeit von Mann und Frau, auch in Bezug auf Familie und Arbeitswelt. Muslimische Theologen wissen, dass nach dem Koran Mann und Frau „aus einem einzigen Wesen" erschaffen wurden (Sure 4:1). Dennoch gesteht man Frauen kaum Mitspracherecht in der Öffentlichkeit oder in der Moschee zu. Und in der Familie hat die Frau sich dem Mann unterzuordnen. Während der Monatsblutung sind Frauen kultisch unrein und dürfen nicht am Gottesdienst teilnehmen.

Während in der akademischen christlichen Theologie auch viele Frauen Karriere gemacht haben, gibt es unter den islamischen Akademikern nur sehr wenige Frauen, zweifellos deshalb, weil in arabischen Ländern das Patriarchat das vorherrschende

Kulturmuster ist. Muslimische Frauen haben in Familie, Beruf und Moscheegemeinde mit Schwierigkeiten zu tun, die christliche Frauen im Westen nicht kennen.

So unwahrscheinlich es klingen mag, aber Mohammed selbst war in seiner Zeit so etwas wie ein Streiter für Frauenrechte. Er verbot die Tötung weiblicher Babys, die damals in Arabien gang und gäbe war, und ermutigte die Männer, ihre Sklavinnen oder Konkubinen zu heiraten, statt sie einfach nur zu benutzen. Die meisten Frauen, die er selbst nach dem Tod seiner ersten Frau heiratete, waren Witwen, die auf diese Unterstützung angewiesen waren. Das Frauenbild und der Umgang mit Frauen im heutigen Islam entsprechen dennoch dem, was man im Nahen Osten des siebten Jahrhunderts erwartet hätte: Frauen sind weniger wert als Männer und haben weniger Rechte und Privilegien. Es gibt zum Beispiel ein *Hadith,* in dem Mohammed sagt, das Gebet eines Mannes sei ungültig, wenn ein Hund oder eine Frau seinen Weg kreuzt.[52]

Vieles an dem weiterhin bestehenden negativen Frauenbild im Islam geht weniger auf den Koran als auf das Leben und die Lehre Mohammeds zurück, die in den *Hadithen* überliefert sind. Mohammed war mit sechs Jahren zum Waisenkind geworden und zunächst zwei Jahre lang von seinem Großvater väterlicherseits und nach dessen Tod von einem Bruder seines Vaters aufgezogen worden. Er hatte sich den Ruf eines aufrichtigen und klugen jungen Mannes erworben, sodass man ihn auch den „Vertrauenswürdigen" nannte. Mit den Karawanen seines Onkels zog er durch die Arabische Wüste bis nach Syrien. Seine Tüchtigkeit kam einer begüterten Witwe namens Chadidscha zu Ohren. Chadidscha machte Mohammed zu ihrem Karawanenführer und Handelsagenten. Seine Integrität beeindruckte sie und sie machte ihm einen Heiratsantrag, obwohl sie etwa fünfzehn Jahre älter war. Die glückliche Ehe dauerte bis zu Chadidschas Tod. Mohammed und Chadidscha hatten vier Töchter, die überlebten, und zwei Söhne, die als Kinder starben.

Als der junge Mohammed seine ersten Visionen hatte, ermutigte Chadidscha ihn. Sie zog sogar einen Onkel, der Christ war, zurate, damit er die Gültigkeit und Echtheit der Visionen bestätigte. Nach ihrem Tod heiratete Mohammed in rascher Folge eine Reihe von Frauen. Zeitweise hatte er zwölf oder mehr Ehefrauen. Aber seinen Anhängern gestattete er höchstens vier und so ist es im Islam bis heute Brauch.

Die letzte Frau Mohammeds war Aischa, eine Tochter seines Freundes und Anhängers Abu Bakr. Aischa war neun, als Mohammed sie beim Schaukeln beobachtete. Sie wurde ihm verlobt und er heiratete sie, als sie zwölf wurde. Es gibt Geschichten darüber, dass Mohammed seine sehr junge Frau auf den Schultern herumgetragen hat. Sie hat ihn glücklich gemacht. Andere *Hadithe* sagen, wenn man Mohammed sprechen wollte, war die günstigste Zeit dann, wenn er Aischa in ihrem Zelt besucht hatte. Infolge der persönlichen Praxis von Mohammed vertreten konservative Islamlehrer bis heute die Auffassung, dass man Mädchen mit neun Jahren bereits verheiraten könne. Und da Mohammed bereits fünfzig war, als er diese Ehe einging, gilt auch ein beträchtlicher Altersunterschied zwischen Mann und Frau als völlig normal.

Frauen ist es nicht gestattet, ihren Glauben auf dieselbe Weise zu praktizieren wie Männer. Sie dürfen den Koran nicht auslegen, dürfen beim Freitagsgebet den Hauptraum der Moschee nicht betreten, dürfen nicht vorbeten und im Ramadan nicht fasten, wenn sie ihre Periode haben.[53] Wenn meine Schwester während des Ramadans ihre Periode hatte, musste sie die ausgefallenen Fastentage später nachholen; allerdings konnte sie selbst entscheiden, ob sie sieben Tage am Stück fasten oder immer wieder einmal einen einzelnen Fastentag einlegen wollte.

Ein kleiner Prozentsatz arabischer Frauen ist hochgebildet und im öffentlichen Leben aktiv, vor allem in den Golfstaaten. Darunter gibt es auch solche, die nicht heiraten wollen. Warum sollten sie auch? Sie können jetzt heiraten und nur ein paar Jahre später nimmt sich der Ehemann vielleicht eine jüngere Frau. Außerdem müssten sie mit einer Heirat in den meisten Fällen ihre berufliche Karriere aufgeben.

Am anderen Ende der Skala gibt es in den Golfstaaten viele

ausländische Hausangestellte, die praktisch wie Sklavinnen leben. Meist sind sie nicht arabischstämmig, auch wenn die Familien schon seit Generationen auf der Arabischen Halbinsel ansässig sind. Zwischen diesen Extremen steht der Großteil der Frauen, die sich um Haushalt und Kinder kümmern, während der Mann bemüht ist, genug zu verdienen, um die Familie zu unterhalten. Besonders in kleineren Orten wohnen Verwandte meist in enger Nachbarschaft zueinander. Wie überall auf der Welt kämpfen Frauen in arabischen Ländern mit den normalen Anforderungen von Familie und Sozialleben.

Während des Arabischen Frühlings gab es einen kurzen Moment, in dem Frauen Seite an Seite mit den Männern auf dem Tahrir-Platz demonstrierten, um die Regierung zu stürzen. Aber nur wenig später herrschten wieder die alten Geschlechterrollen. Rechte für Frauen wurden auf Eis gelegt und die Männer streiten sich um die Macht. Von den 508 Abgeordneten im ägyptischen Parlament sind nur acht Frauen.

Die Hoffnung, dass sich die Rechtslage für Frauen verbessert, stützt sich häufig auf bessere Bildung für Frauen. Aber auch in dieser Hinsicht ist die Geschichte in Ägypten wechselhaft. Als ich in Kairo studierte, waren etwa 40 Prozent der Studenten weiblich. Als die Muslimbruderschaft mehr Einfluss gewann, wurden die Bildungsmöglichkeiten für Frauen stark beschnitten. Die Ausgrenzung erreichte ihren Höhepunkt, als Mohammed Mursi, der Kandidat der Muslimbruderschaft, 2012 Staatspräsident wurde. Mich schmerzt es zu sehen, welchen Schaden ägyptische Frauen nehmen, wenn Islamisten an die Macht kommen.

Im Islam kann ein Mann sich von seiner Frau trennen, indem er die Ehe dreimal offiziell und in der Öffentlichkeit als beendet erklärt. So war es schon im alten Israel. Untreue ist sicher ein Grund für eine Scheidung, aber auch Unfruchtbarkeit, die Unfähigkeit, einen Sohn zu gebären, oder „Ungehorsam" gelten als Gründe, eine Ehe zu beenden. Länder wie Ägypten fordern heute, dass die Ehepartner sich vor Gericht einigen und eine Versöhnung anstreben, statt der alten Tradition zu folgen. Ägypten ist eines der wenigen arabischen Länder, in denen Frauen sich rechtskräftig von ihren Männern scheiden lassen können. Im Großteil der muslimischen Welt ist es Frauen nicht erlaubt, eine Scheidung einzureichen, es sei denn, der Mann verlässt sie. Tut eine Frau es dennoch, verliert sie meist alle ihre Rechte und ihren Besitz. Im Fall einer Scheidung kann der Mann verlangen, dass die Kinder bei ihm leben, sobald sie in die Pubertät kommen. Rein rechtlich sind sie sein Besitz. Die Frau erhält Unterhalt gemäß den Regeln, die im Ehevertrag festgelegt sind, und abhängig davon, wie lange die Ehe bestanden hat.

Ich habe mich wiederholt gefragt, warum arabische Männer so viele soziale und rechtliche Privilegien gegenüber den Frauen brauchen. Sind sie Schlappschwänze? Die Angst, wenn man Frauen gleiche Rechte zugestehen würde, würden sie die Macht übernehmen, ist vielleicht nicht so unbegründet.

Meine Brüder sind beide geschieden. Yasser war als Zahnarzt bei der Armee so erfolgreich, dass er seine Familie vernachlässigte und seine Zeit fast nur noch in der Klinik statt mit der Familie verbrachte. Seine Frau bat ihn um die Scheidung und er hat schließlich widerwillig eingewilligt und ihr auch die Kinder gelassen. Aber die Frau, mit der er aufgewachsen war, zu verlieren und seine Töchter ebenfalls, hat ihn hart getroffen. Er zog vorübergehend wieder zu meiner Mutter und hat sich, wie ich höre, immer wieder bei ihr ausgeweint. Das Scheitern dieser Ehe hat auch in der weiteren Familie zu Brüchen geführt, denn schließlich war die Frau, die sich von ihm trennte, seine Cousine.

Moustafa hat bereits zwei Scheidungen hinter sich. Mit seiner ersten Frau hatte er zwei Töchter und einen Sohn und viele Jahre schien alles sehr gut zu gehen. Er war ein wunderbarer Vater für seine drei Kinder, aber seine Frau war ziemlich dominant. Vielleicht hat sogar meine Konversion dazu beigetragen, dass sie sich einander entfremdet haben: In den Augen meiner Schwägerin war ich ein Verräter oder ein Spion und Moustafa hat mich oft verteidigt. Nach jahrzehntelanger Ehe bat sie ihn um die Scheidung. Moustafa sagte sich, dass sie seinen Kindern eine gute Mutter gewesen war und dass er sie kampflos gehen lassen sollte. Nach der Scheidung heiratete er rasch erneut – die falsche Frau. Wenig später ließ er sich auch von ihr scheiden und ist seitdem unverheiratet geblieben.

Meine Schwester Azieza hat sich zwar nicht scheiden lassen, aber längere Zeit von ihrem Mann getrennt gelebt. Bei einem Besuch in Ägypten habe ich mit ihr und ihrem entfremdeten Mann darüber gesprochen, warum sie nach so vielen gemeinsamen Jahren getrennt lebten und ob es nicht sinnvoller sei, nur für ein Haus zu zahlen statt für zwei. Sie zogen anschließend wieder zusammen. Aber nun ist ihr Mann vor Kurzem gestorben.

Für eine muslimische Frau gilt es als ausgemacht, dass sie heiratet und Kinder hat. Das ist die Rolle, die sie auszufüllen hat. Im Islam ist der Körper der Frau rechtlich gesehen der Besitz des Mannes.[54] Er kann sie daher jederzeit sexuell beanspruchen, außer wenn sie rituell unrein ist. Der Ehemann ist zuständig für die materielle Versorgung der Familie. Aber heute sind auch viele muslimische Frauen berufstätig. Dennoch ist die Welt der Frauen streng von der der Männer getrennt. Frauen sind üblicherweise zu Hause; wenn sie das Haus verlassen, dann nur, um Lebensmittel, Kleidung oder sonstige notwendige Dinge einzukaufen. In manchen Ländern, wie zum Beispiel in Saudi-Arabien, gehen Frauen auch nicht ohne männliche Begleitung zum Markt. Anderswo, wie etwa in den besseren Vierteln von Kairo, sieht man auch abends noch Frauen auf den Straßen.

Der Islam tut sich schwer mit dem westlichen Verständnis von Liebe und Romantik, wie es in den westlichen Medien verbreitet wird. Nehmen wir nur den Valentinstag. Der Tag ist nach einem christlichen Heiligen benannt und feiert die Liebe zwischen Mann und Frau. Aber weil es ein christlicher Feiertag ist und weil er die emotionale oder körperliche Seite der Liebe feiert, wollen die meisten Imame nichts damit zu tun haben. In Saudia-Arabien erließ ein Imam eine Fatwa, die jede Feier am Valentinstag verbietet. Das rief zwar einigen Protest hervor, weil die Menschen es richtig fanden, dass Ehepartner ihrer Liebe Ausdruck verleihen. Aber der Imam blieb bei seinem Standpunkt und ließ das Verbot von Valentinspraktiken polizeilich durchsetzen. Trotzdem findet man heute am Valentinstag in Saudi-Arabien jede Menge Männer, die heimlich Pralinen, Blumen und Karten für ihre Frauen kaufen, auch wenn sie dabei immer auf der Hut sein müssen, ob keine Polizei in der Nähe ist.

In den arabischen Medien sind Romantik und Liebe natürlich durchaus Themen. In der ägyptischen Seifenoper *Hadschi Mitwali und seine Familie* dient die Situation der Vielehe als Spannungselement in der Handlungsentwicklung. Hadschi Mitwali hat vier Frauen.[55] Wie kommen die miteinander aus? Vier Frauen in einem Haus bieten reichlich Gelegenheit für Verwicklungen und überraschende Wendungen; die Serie lief über Jahre. Theoretisch könnte ein muslimischer Mann auch mehr als vier Frauen haben, wenn er sich von einer scheiden lässt und eine fünfte heiratet und so weiter.[56] (Dass umgekehrt eine Frau mehrere Männer hat, ist natürlich undenkbar.)

Viele Araber, die sich solche Serien ansehen, glauben, es ist besser, dass ein Mann vier Frauen hat, als nur eine zu haben, die er dann betrügt – wie sie es im westlichen Fernsehen sehen. Außerdem, so wird gesagt, sei es in Kriegszeiten, in denen viele Männer sterben, besser, wenn die verbliebenen Männer die Witwen heiraten, statt sie der Prostitution zu überlassen.

Wenn man bedenkt, dass es auch alttestamentliche Erzählungen gibt, die die Vielehe voraussetzen, möchte ich zugestehen, dass es Fälle geben kann, in denen die Mehrehe das geringere Übel ist. Aber in arabischen Ländern sieht die Praxis anders aus. Typischerweise nehmen nur relativ wenige Männer – die, die es sich leisten können – mehrere Frauen, um ihren Selbstwert zu steigern und ihre Libido zu befriedigen. Mein Neffe, der Sohn meiner Schwester, hatte eine ganze Reihe Frauen und etliche Scheidungen. Die Konflikte, die daraus entstanden, haben meiner Schwester täglich Kummer gemacht.

Völker – und sogar ethnische Gruppen innerhalb eines Volkes – unterscheiden sich darin, wie sie Frauen behandeln. So sind die Regeln, wie eine Frau sich zu kleiden hat, ausgesprochen unterschiedlich. In Ländern wie Saudi-Arabien verhüllt der Gesichtsschleier *(Niqab)* alles bis auf die Augenpartie. In anderen, etwa in der Türkei, wird nur das Haar verhüllt. In manchen Ländern gilt es als Provokation, wenn man die Stimme einer Frau in der Öffentlichkeit hört; in anderen reden Frauen ungeschützt, etwa auf dem Markt.

Der Koran verlangt, dass Frauen sich sittsam kleiden. Paulus verlangt in 1. Korinther 11,5, dass Frauen im Gottesdienst den Kopf bedecken. Heutigen Christen gilt das als kulturell bedingte Sitte des ersten Jahrhunderts, nicht als allgemeingültiges Gesetz. Aber da der Koran als ein umfassendes und irrtumsloses Ganzes verstanden wird, ist es schwierig für Koranausleger, kulturell bedingte Aussagen von ewig gültigen Wahrheiten zu unterscheiden. Weil die Muslimbruderschaft und andere konservative islamische Gruppierungen in Ägypten an Einfluss gewonnen haben, sind die Kleiderregeln für Frauen heute wieder strenger als vor dreißig Jahren.

Die Kleidung einer Frau kann zu interessanten kulturellen Eigentümlichkeiten führen. In meiner College-Zeit kannte ich ein Geschwisterpaar. Beide studierten Rechnungswesen. Der Bruder hatte sein Examen bereits bestanden, die Schwester musste die Klausur noch schreiben, die er bereits bestanden hatte. Er zog Frauenkleider an und verschleierte sich und schrieb an ihrer Stelle die Klausur. Aber der Dozent schöpfte Verdacht, als er die behaarte Hand sah, nahm die „Frau" beiseite und bat sie, den Schleier abzulegen. Er war ertappt.

In manchen islamischen Ländern müssen Frauen noch immer die Beschneidung ertragen, die weibliche Genitalverstümmelung. Obwohl der Koran sie nicht verlangt, wird sie in vielen afrikanischen und arabischen Ländern noch praktiziert. (Muslime in Asien sind nicht so versessen darauf, ihre Töchter zu beschneiden.) Hinter der weiblichen Beschneidung steht die Vorstellung, dass die Lust des Mannes dadurch in Schach gehalten werden muss, dass man der Frau das sexuelle Begehren nimmt. Eine Frau darf einen Mann nicht verführen. Die Entfernung der Klitoris gilt als Weg, das sicherzustellen. Das ist offensichtlich eine pervertierte Sicht weiblicher Sexualität und für junge Frauen eine grauenhafte Erfahrung. Noch dazu, wo es ausschließlich den Männern nutzt, die auf diese Weise ihre Seele vor der eigenen Versuchlichkeit schützen wollen.

13

Christlich-muslimische Familien

Nach dem Koran und den *Hadithen* darf ein muslimischer Mann eine christliche oder auch eine jüdische Frau heiraten. Christen und Juden gelten als „Leute des Buches" und stehen damit dem Islam näher als Angehörige polytheistischer Religionen. Auch diese Tradition geht auf Mohammed selbst zurück, der sowohl eine christliche als auch eine jüdische Frau hatte. Kinder aus einer solchen gemischt-religiösen Verbindung sind automatisch Muslime. Umgekehrt gelten diese Regeln nicht: Ein Christ kann keine Muslima heiraten und die gemeinsamen Kinder zu Christen machen; das ist gesetzlich verboten. Das ägyptische Recht erkennt nur Ehen zwischen zwei muslimischen oder zwei koptischen Partnern als legitim an; die Kinder aus solchen Verbindungen sind natürlich Muslime, wenn der Vater Muslim ist, bzw. Kopten, wenn der Vater Kopte ist.[57]

Muslimische Frauen, die zum Christentum konvertieren, haben es besonders schwer. Sie können alles verlieren: ihre Kinder, die Unterhaltszahlungen und ihr Erbe. Und doch finden viele muslimische Frauen zu Christus. Und es überrascht nicht, dass das in der Regel glaubensstarke Frauen sind, fest entschlossen, Christus zu folgen. Demgegenüber sind Männer, die Christen werden, häufig schwankend. Sie werden Christen, aber wenn sie spüren, welchen Preis das kostet, fallen sie um und legen den neuen Glauben wieder ab.

Diejenigen von meinen Verwandten, die wissen, dass ich Christ bin, erzählen ihren Kindern oder ihren Freunden nichts davon. Täten sie es, würden sie mögliche Heiratskandidaten für ihre Kinder abschrecken. Meine Schwägerin zum Beispiel hat ihren Töchtern nichts davon gesagt, dass ich Christ bin. Das würde nur zu Gerede führen: „Ihr Onkel ist ein Abtrünniger." Für die Mädchen würde es eine Schande bedeuten, diesen Teil der Familie anzuerkennen. Jahrzehnte nach meiner Bekehrung konnte ich mit meiner Frau und meiner Tochter das Dorf besuchen, aus dem meine Mutter stammt. Ich sorgte dafür, dass sie sehr sittsam angezogen waren. Sie trugen knielange Röcke und hochgeschlossene Oberteile. Meine Tochter Becky kam sehr gut mit ihren Cousins zurecht, die für sie das Kleid einer ägyptischen Bäuerin besorgt hatten. Es hüllte sie komplett ein. Ich berichte gern, dass Becky noch immer über Facebook mit diesen Cousins in Kontakt ist.

Dank der Tatsache, dass ich von einem amerikanischen Ehepaar offiziell adoptiert wurde, kann ich heute mit meinem amerikanischen Pass wieder sicher nach Ägypten reisen – oder in andere Länder des Nahen Ostens. Es ist schon merkwürdig – oder es war die Vorsehung Gottes –, was diese Adoption für Auswirkungen gehabt hat. Den ursprünglichen Zweck haben wir zwar nicht erreicht – nämlich, als ich zwanzig war, ein neues Studentenvisum für die USA für mich zu bekommen. Aber heute, fast dreißig Jahre später, hilft die Adoption mir, Visa für den Nahen Osten zu bekommen. Bei der Einreise nach Ägypten werde ich regelmäßig gefragt: „Sind Sie in Ägypten geboren?" „Ja", antworte ich. „Ist Ihr Vater Ägypter?"[58] „Nein", antworte ich ehrlich und juristisch korrekt. „Okay. Willkommen in Ägypten."

Bei einer Reise nach Ägypten traf ich einen Neffen, den ich Jahre nicht gesehen hatte. Er ist ungefähr zehn Jahre jünger als ich. Als wir Kinder waren, hat er zu mir aufgeschaut. Er erzählte mir, nachdem ich aus Ägypten geflohen war, hätten die Kinder aus der Nachbarschaft ihn auf der Straße angespuckt und gerufen: „Dein Onkel ist ein Abtrünniger! Er ist ein stinkender Köter." Mir tat das sehr leid. Mein Neffe hätte doch nicht den Preis für meine Entscheidung zahlen sollen. Die Sache betrübte mich, aber sie überraschte mich nicht. Ein anderer Neffe, mit dem ich über Christus gesprochen hatte, wandte sich daraufhin dem Islam noch intensiver zu und betätigt sich inzwischen gelegentlich als islamischer Straßenprediger.

Wie ich später erfuhr, geriet meine ganze Familie meinetwegen ins Visier der Geheimpolizei. Post an meine Mutter wurde geöffnet; Familienmitglieder wurden bespitzelt. Die Geheimpolizei wollte sicher sein, dass sich in unserem Haus keine subversive Christengruppe entwickelte. Die muslimische Gemeinschaft betrachtet die Christen in der Gesellschaft häufig als Krebsgeschwüre, die man so schnell wie möglich entfernen sollte. Wären meine Verwandten auch Christen geworden, hätte man sie umgebracht oder verfolgt. Damals habe ich mir das nicht so klargemacht, aber dass ich dem Islam den Rücken gekehrt habe, hat meine Familie in Gefahr gebracht. Und es hat ihnen Scham und Schande eingebracht. Heute, dreißig Jahre später, spricht man von meiner Mutter noch immer als von der „Mutter des Abtrünnigen".

Meine Familie ist nicht die einzige, die das erfahren hat. Wer sich vom Islam abwendet, gilt immer als Schande für die Familie. Wenn ein Einzelner zum Glauben an Jesus kommt, wird er von der eigenen Familie geächtet oder sogar getötet. Kommen ganze Familien zum Glauben, dann ist es die Gesellschaft, die sie ächtet oder umbringt. Kein Wunder, dass Konvertiten aus dem Islam ihren Glauben oft lieber verschweigen.

Einer meiner Neffen ist blond, zweifellos verdankt er das seiner europäischen Großmutter. Und wenn man in Ägypten blond ist, fällt man unweigerlich auf. Als eine junge Frau in der Nachbarschaft schwanger wurde, hoffte sie, ihr Kind würde auch blond werden. Sie kam zu meinem Neffen und strich ihm etwas Honig auf die Hand, den sie dann ableckte. Sie glaubte, das würde sein blondes Haar auf ihr Baby übertragen. In arabischen Ländern gibt es jede Menge solcher folkloristischen Praktiken, die man mit dem rationalen, westlichen Denken nicht verstehen kann.

Das ist auch der Grund dafür, warum Streitgespräche mit Muslimen über den christlichen Glauben selten erfolgreich sind.

Wen interessiert schon eine gute westliche Argumentation? Normalerweise finden Muslime am christlichen Glauben etwas anderes anziehend: die Liebe Gottes, die sie bei den Christen und durch sie erleben. Rationale Erklärungen und Begründungen kommen vielleicht später, aber Argumente allein führen höchst selten dazu, dass sich ein Muslim zu Jesus Christus bekehrt.

Wer sich in Ägypten vom Islam zum christlichen Glauben bekehrt, bleibt im juristischen Sinn Muslim, denn er oder sie hatte einen muslimischen Vater. Weder Männer noch Frauen können offiziell ihre Religion wechseln. Bei einer ägyptischen Hochzeit müssen beide Partner die *Schahada* sprechen: „Ich bezeuge, dass es keinen Gott gibt außer Allah und dass Mohammed sein Gesandter ist." Dann wird die erste Sure des Korans rezitiert. Selbst wenn beide Partner inzwischen Christen sind, ist die Hochzeitszeremonie islamisch und vor dem Gesetz gilt das Paar als muslimisch. Was sollen christliche Paare tun? Ich habe erlebt, dass Konvertiten aus dem Islam im Ausland geheiratet haben, wo christliche Eheschließungen möglich sind. Dann können sie ihre Ehe in Ägypten als christliche Ehe eintragen lassen. Aber dieser Weg steht natürlich nicht allen Konvertiten offen, wenn sie heiraten wollen.

Weil so viele Konvertiten ihren christlichen Glauben geheim halten, ist es schwer für sie, geeignete Ehepartner zu finden. Besonders für Frauen ist das hart. Die Eltern drängen sie zu einer Heirat und versuchen nicht selten, eine Ehe mit einem muslimischen Mann zu arrangieren. Selbst wenn der muslimische Partner ihr erlaubt, christliche Gottesdienste zu besuchen oder christliche Freundinnen zu haben, werden die Kinder aus dieser Ehe Muslime sein. Wenn Töchter aus solchen Ehen erwachsen werden, wird der muslimische zukünftige Ehepartner höchstwahrscheinlich erwarten, dass sie den *Hidschab* trägt (Schleier, der das Gesicht freilässt) oder genitalverstümmelt wird. Wenn ein Junge das entsprechende Alter erreicht hat, erwartet man von ihm, dass er freitags in die Moschee geht und die Säulen des Islam praktiziert. Für Christinnen, die muslimische Männer heiraten, kann das Leben sehr schwierig sein.

Selbst für einen ehemaligen Muslim, der eine Christin heiratet, kann es schwierig werden, wenn seine Familie muslimisch bleibt. Man sitzt am Freitagnachmittag nach dem Moscheebesuch beim Abendessen und der christliche Enkel fragt seinen Großvater, ob er vor dem Essen beten darf. Der muslimische Großvater stimmt erfreut zu, bis er hört, was der Junge betet: „Segne dieses Essen, Gott, im Namen Jesu. Amen." So etwas kommt tatsächlich vor und die Worte „im Namen Jesu" rufen einen Proteststurm hervor.

Am Sonntag besucht dieselbe Familie nach dem Gottesdienst die Großeltern mütterlicherseits. Hier würde ein Gebet im Namen von Jesus auf allgemeines Wohlwollen treffen. Am Montag in der Schule bezieht der Junge vielleicht Prügel, so wie christliche Kinder von mir, als ich Kind war. Was soll ein solches Kind tun? Ich kenne einen Jungen, der mit acht Jahren plötzlich wieder zum Bettnässer wurde, weil er den Konflikt und die Angst nicht mehr aushielt. Um ihren Kindern derartige Erfahrungen zu ersparen, haben manche Eltern beschlossen, ihre Kinder kulturell gesehen muslimisch zu erziehen – in der Hoffnung, dass sie sich für Christus entscheiden, wenn sie alt genug sind.

Im Islam gibt es keine Adoption. Auch das geht auf Mohammed selbst zurück. Der Prophet hat selbst einen jungen Mann adoptiert: Yazeed. Yazeed heiratete eine sehr schöne junge Frau. Als Mohammed einmal Yazeeds Zelt aufsuchte, schlug der Wind den Zeltvorhang hoch und er sah seine Schwiegertochter unbekleidet. Er begehrte sie und zwang Yazeed, sich scheiden zu lassen, damit er sie heiraten konnte. Aber um den Anschein zu wahren, behauptete Mohammed, dass er Yazeed nie wirklich adoptiert hatte, obwohl er früher gesagt hatte, Yazeed sei „wie ein Sohn für mich". Später empfing Mohammed eine weitere Koranoffenbarung, die besagte, der adoptierte Sohn sei kein wahrer Sohn Mohammeds (Sure 33:37-41). Damit hatte er eine willkommene nachträgliche Rechtfertigung für sein Verhalten. Bis heute adoptieren Muslime daher keine Kinder. Wenn ein Kind seine Eltern verliert, übernimmt der nächste Verwandte die Fürsorge für das Kind. Wenn es niemanden gibt, der ein solches Waisenkind aufnimmt, kann es passieren, dass es auf der Straße landet.

Für diese Straßenkinder in den arabischen Ländern setzen sich manche christliche Organisationen ein, indem sie Waisenhäuser gründen und versuchen, Adoptiveltern für die Kinder entweder vor Ort oder im Ausland zu finden. Aber in etlichen muslimischen Ländern vermutet die Regierung, dass die Waisenhäuser nur ein Vorwand sind, um christliche Mission zu betreiben, und schließt sie.

Mohammed sagte über die Frauen: „Auch sah ich nie jemanden mit geringerem Verstand und geringerer Religiosität.“[59] Folglich haben Frauen im Islam weniger Rechte als Männer. So wiegen etwa nur die Aussagen von zwei Frauen die eines Mannes auf. Ein ägyptischer Kolumnist hat treffend bemerkt, dass die Aussage einer Frau, selbst wenn sie promoviert ist, nur halb so viel wert ist wie die eines Mannes, der Orangenverkäufer ist. Das ist wahr. Selbst im Tod werden Frauen anders behandelt. Auch Frauen kommen ins Paradies, aber ihr Schicksal lässt sich kaum mit dem der Männer vergleichen. Mohammed hat gesagt: „O ihr Frauen! ... ich habe gesehen, dass ihr die Mehrzahl der Höllenbewohner seid.“[60]

Wenn ein Mann ins Paradies kommt, wird er dort von siebzig Jungfrauen empfangen, die ihn bedienen. Außerdem warten die Frauen auf ihn, die er in seinem irdischen Leben hatte. Wenn eine Frau in den Himmel kommt, ist sie auch dort Frau und Dienerin des Mannes. Angesichts dieser Sachlage hat meine Schwester einmal gesagt: „Wir muslimischen Frauen kommen im nächsten Leben ebenso schlecht weg wie in diesem. Wir sind verdammt – hier auf Erden und im Himmel genauso.“

Wenn eine Frau, die vom Islam zum christlichen Glauben konvertiert ist, einen koptischen Christen heiratet, gilt die Ehe vor dem Gesetz nicht. Nach islamischem Rechtsverständnis lebt ein solches Paar „in Sünde“; jedes andere Familienmitglied könnte die Ehe annullieren. Man könnte ihnen auch die Kinder wegnehmen. Die einzige in Ägypten legale christliche Ehe ist die zwischen zwei Partnern, die als Kopten geboren wurden. Bei den Kopten wiederum ist die Scheidung nicht erlaubt. Wenn sich ein koptisches Paar dennoch trennen will, treten die beiden normalerweise vorher aus der Kirche aus, werden Protestanten oder vielleicht sogar Muslime, und lassen sich dann scheiden.

Der allerschlimmste Fall in diesem Zusammenhang, der mir bekannt ist, war der einer Konvertitin aus dem Islam. Sie hatte als Chirurgin beruflich viel erreicht. Ihre Angehörigen blieben muslimisch. Und sie wussten: Wenn eine Nichtmuslima von einem Muslim vergewaltigt wird, ist das Baby, das eventuell gezeugt wird, muslimisch und gilt als Besitz des Mannes.[61] Als die Familie dieser Frau entdeckte, dass sie Christin geworden war, wurde sie zuerst von ihrem Vater und dann von ihrem Bruder vergewaltigt – um sicherzustellen, dass sie keine christlichen Kinder haben würde. Sie würde als vergewaltigte Frau keinen Ehemann finden, ihre Karriere war zerstört und sie war emotional und psychisch zerbrochen.

Der Fairness halber möchte ich auch von dem besten Fall berichten, der mir zu Ohren gekommen ist. Er betrifft eine Konvertitin aus einer wohlhabenden muslimischen Familie, die ihre Entscheidung für den christlichen Glauben nicht akzeptieren wollte. Sie wurde zur Ehe mit einem Muslim gezwungen. Ihr Mann schlug sie und machte ihr das Leben zur Hölle – bis sie die Scheidung einreichte. Später hat sie einen Christen geheiratet. Inzwischen hatte die Familie ihre Haltung geändert; sie unterstützte diese Heirat, beschenkte das Paar großzügig und hieß den Ehemann als Familienmitglied willkommen.

Der Druck, eine Ehe einzugehen, ist für Frauen viel höher als für Männer – nicht nur in Ägypten. Für Frauen tickt die biologische Uhr – und wie alle Frauen in der Welt lieben auch die Frauen in Ägypten ihre Kinder und Enkel. Für Männer ist es weitaus weniger dringlich, zu heiraten. Arabische Christen wissen außerdem, dass eine Heirat mit einer Christin jede Menge soziale und familiäre Probleme nach sich ziehen kann. Das erklärt vielleicht, warum es in arabischen Ländern mehr heiratswillige christliche Frauen als Männer gibt.

Ich habe mich mehr als einmal als Heiratsvermittler betätigt, um wenigstens einigen dieser Frauen zu helfen. Nicht so, wie Sie es vielleicht aus *Anatevka* kennen, wo die Heiratsvermittlerin des Dorfes nur darauf wartet, dass die Leute ihre Brautgaben zu ihr bringen. Aber ich habe hier und da Kontakte hergestellt. Manchmal kenne ich gläubige Männer in der näheren Umgebung einer christlichen Frau, Männer, die ihr Christsein noch nicht öffentlich gemacht haben. Oder ich kenne einen christlichen Single aus der gleichen Volksgruppe, der im Ausland lebt und gern heiraten würde. Dann bringe ich die beiden miteinander in Verbindung. Und ich konnte schon etliche Paare trauen, die ich zusammengebracht hatte. Vielleicht bin ich sogar der Erste, der je eine christliche Trauung vollzogen hat, bei der Braut, Bräutigam und der Pastor Konvertiten aus dem Islam waren.

Eine Ehe ist schon unter normalen Umständen schwierig; aber für Mitglieder einer religiösen Minderheit in einer feindlichen Umgebung ist sie es ganz besonders. Und doch gibt es durch die Gnade Gottes christliche Ehen und Familien auch in arabischen Ländern. Und sie halten nicht nur, sondern gelingen und entfalten sich – als Zeugnis der Liebe Gottes und zu seiner Ehre.

14

Ägypten heute

Von 2011 bis heute glich das Leben in Ägypten einer Fahrt auf einer Achterbahn. Drei Präsidenten, zwei Revolutionen, etliche Verfassungen und zahllose Demonstrationen haben das Leben abwechslungsreicher gemacht, als einem lieb sein kann.

Während der ersten Revolution gegen Mubarak stand mein Bruder mit den Demonstranten auf dem Tahrir-Platz. Ein paar

Wochen später war ich selbst in Ägypten und sprach mit Moustafa. Er erzählte mir in allen Einzelheiten, wo die Kämpfe stattgefunden hatten, wer daran beteiligt war, wer getötet wurde und welche Rolle er selbst in allem gespielt hatte. Die Revolution, so meinte er, sei vor allem über die sozialen Medien ausgelöst worden. Die ersten Proteste kamen von jungen Leuten, die sich über Facebook und andere Medien organisierten. Aktionen und Treffpunkte wurden online vereinbart und so kam es zu Demonstrationen und anderen Protestaktionen, bis der Sturz Mubaraks unmittelbar bevorstand. Mein Bruder war die ganze Nacht über am Handy und hielt Kontakt zu den Demonstranten. Sie informierten sich online, wo es Polizei oder Barrikaden gab und welche Gebiete die Demonstranten kontrollierten. Ein ägyptisches Ehepaar war so dankbar für die Rolle, die Facebook in der Revolution spielte, dass es die gerade geborene Tochter Facebook nannte.

Ich beneidete meinen Bruder darum, dass er bei diesem historischen Ereignis unmittelbar dabei war. Er sagte, er sei nie im Leben so gerannt wie an dem Abend, als er vor der Armee vom Tahrir-Platz floh – obwohl er schon über sechzig war. Es war fantastisch, wie ganz normale Leute plötzlich strahlten und voller Stolz von den jungen Revolutionären sprachen. Ägypten hat schon früher Revolutionen und Staatsstreiche erlebt, aber die gingen gewöhnlich vom Militär aus. Diesmal war es das Volk, das die Veränderung herbeiführte. Ich lebte zwar in den USA, aber ich kaufte mir eine ägyptische Flagge und rief: „Es lebe Ägypten!" Wie ich selbst hingen Ägypter rund um den Globus vor dem Bildschirm, um mitzubekommen, was geschah. Man sah Stützpunkte der Geheimpolizei in Flammen aufgehen. Aber nicht die Demonstranten hatten sie in Brand gesetzt. Die Geheimpolizei selbst wollte sicherstellen, dass die Spuren ihres Tuns vernichtet wurden.

Um zu erklären, warum es zu dieser Revolution kam, müssen wir noch einmal zu dem Menschen zurückkehren, der als Erster in dieser Geschichte namentlich erwähnt wurde – Gamal Abdel Nasser. Als er zusammen mit dem Komitee der Freien Offiziere 1952 König Farouk absetzte, veränderte er Ägypten dadurch für immer. Wie die meisten anderen Länder, die sich gegen die Kolonialmächte erhoben, würde auch Ägypten nie wieder eine Monarchie sein. Aber was dann? Eine Demokratie, eine Diktatur, eine Oligarchie, ein Militärstaat oder eine islamische Theokratie?

Achtundzwanzig Jahre zuvor, 1928, hatte ein ägyptischer Lehrer namens Hassan al-Banna die Muslimbruderschaft gegründet. Sie begann als islamische Erneuerungsbewegung in Ägypten. Aber als Nasser Präsident wurde, hatte sie sich bereits zu einer Geheimorganisation entwickelt, die überall in der arabischen Welt ihre Zellen und Zentren hatte. Als König Farouk abgesetzt wurde, hatte die Muslimbruderschaft eine sehr klare Vorstellung davon, wie das neue Ägypten aussehen sollte – es sollte ein islamischer Staat sein. Sie wollte die Scharia als Rechtssystem etablieren und einen Kalifen einsetzen, der die arabische Welt als muslimischer Führer regieren sollte. Nur so, glaubte sie, könne man den wahren Islam aufrechterhalten.

Nasser war Muslim. Aber nicht die Art Muslim, die die Scharia zum verbindlichen Staatsgesetz erklären oder Frauen hinter Schleiern oder in den Häusern verschwinden lassen wollte. Er war ein Progressiver, der gegen den westlichen Imperialismus und für die arabische Einheit kämpfte. Er stand in der Mitte zwischen Kapitalismus und Kommunismus, hatte aber deutliche Sympathien für den Sozialismus der Sowjetunion. Er war ein charismatischer Führer. Ich habe immer noch Mitschnitte von seinen Reden, die ich mir gelegentlich anhöre, wenn ich Inspiration brauche. Seine arabische Prosa kann durchaus mit den auf Englisch gehaltenen Reden eines Winston Churchill oder Martin Luther King mithalten.

Die Bruderschaft erkannte rasch, dass sich ihre Hoffnungen auf einen islamischen Staat in Ägypten mit Nasser nicht erfüllen würden, und plante einen Anschlag auf ihn. Aber Nasser erfuhr von der Verschwörung. Als Militär handelte er rasch, ließ die meisten Verschwörer inklusive Hassan al-Banna töten und steckte Tausende Muslimbrüder ins Gefängnis. Auch ein Cousin von mir wurde damals verhaftet – weil sein Name auf einer Spendenliste der Muslimbruderschaft stand (er hatte 25 Piaster für wohltätige Zwecke gespendet – heute vielleicht 50 Cent). Er blieb jahrelang verschwunden. Wir wussten nicht, was ihm zugestoßen war, aber wir wussten, dass es nichts Gutes sein konnte.

Angesichts der Unterdrückung durch das Nasser-Regime ging die Muslimbruderschaft in den Untergrund. Ihre Mitglieder konnten sich nicht öffentlich treffen oder organisieren. Aber man stieß überall auf sie. Manche ihrer Aktivitäten muss man anerkennen. Sie bauten Schulen, Fabriken und Krankenhäuser vor allem für die ärmeren Bevölkerungsschichten. Sie engagierten sich in Wirtschaft und Berufsleben. Sie beugten beim Gebet die Stirn so oft zu Boden, dass sie kleine Druckstellen bekamen – wir nannten sie Rosinen. Vor allem im Bildungswesen wollten sie Einfluss gewinnen. Sie wussten, wenn sie der Jugend ihre Ideologie einimpfen konnten, würden sie später ein Reservoir an Rekruten für ihre islamische Revolution haben – und sie hatten recht. Sie gründeten überall im Land Koranschulen, in denen Jungen die islamistischen Lehren vermittelt wurden.

Als Nasser 1970 starb, wurde Vizepräsident Anwar el-Sadat Staatspräsident. Sadat hatte keinen Rückhalt bei den Sozialisten, die versuchten, ihn des Amtes zu entheben. Aber bevor es dazu kam, erließ Sadat eine Amnestie für die Muslimbrüder, um deren Unterstützung gegen die Sozialisten zu gewinnen. Nun konnte die Muslimbruderschaft wieder öffentlich in Erscheinung treten und entwickelte sich in den 1970er-Jahren unter Sadats Präsidentschaft zu einer bedeutenden politischen Kraft in Ägypten. Sadat installierte ein modifiziertes Scharia-Recht, säuberte die Geheimpolizei, die Nasser aufgebaut hatte, und brach mit der Sowjetunion. Für Kopten und andere Christen in Ägypten waren es schwere Zeiten. Es hatte den Anschein, als tanze Sadat nach der Pfeife der Muslimbrüder. Aber dann unterzeichnete er den berühmten Friedensvertrag mit Israel in Camp David. Das hatten die Islamisten nicht im Sinn gehabt. 1981 wurde Sadat von einem Mitglied der radikalen Gruppe Ägyptischer islamischer Dschihad ermordet.

Und nun sind wir bei Hosni Mubarak, der von 1982 bis 2011 Ägypten regierte. Auch Mubarak war ein Militär und unter Sadat Vizepräsident gewesen. Er war bei Sadat gewesen, als der Anschlag geschah, und wurde von einem Schuss in die Hand getroffen. Es zeigte sich rasch, dass Mubarak sich nicht durch Fanatiker irgendeiner islamistischen Splittergruppe aus dem Weg räumen lassen würde. Er säuberte den Regierungsapparat von allen, die im Verdacht standen, radikale Islamisten zu sein, verbot die Muslimbruderschaft und weitete die Machtbefugnisse der Sicherheitskräfte enorm aus. Jeder, der im Verdacht stand, an der Verschwörung beteiligt zu sein, wanderte ins Gefängnis, darunter auch Aiman az-Zawahiri. Der Name ist vielleicht bekannt – er war nach dem Tod von Osama bin Laden der Chef von al-Qaida. Zahwahiri hatte sich nach vier Jahren im Gefängnis und erlittener Folter al-Qaida angenähert. Wie viele andere radikalisierte er sich im Gefängnis. Er kam zu der Überzeugung, dass es im Umgang mit säkularen oder westlichen Staaten keine Kompromisse geben könne. Akzeptabel sei einzig und allein ein islamischer Staat. Und um den zu errichten, sei Terror gegen die Ungläubigen der einzige Weg. Aiman al-Zawahiri war mit meinem Bruder zusammen auf der Highschool gewesen; unsere Familie kannte ihn also recht gut.

Mubarak war ein Militär, der sich mehr und mehr zum Diktator entwickelte. Als er die Macht übernahm, lebte die Hälfte der ägyptischen Bevölkerung in Armut. Als er zurücktrat, hatte sich daran nichts geändert, aber Mubaraks Familie und Freunde lebten im Luxus. Die Revolution gegen ihn war ein echter Aufstand des Volkes gegen einen Unterdrücker. Er erhob sich, als die Ägypter verstanden hatten, dass sie ihr Schicksal in die eigene Hand nehmen konnten – so wie die Protestbewegungen in Tunesien, Syrien und im Jemen. Mubarak wurde durch den Volksaufstand von 2011 aus dem Amt gejagt. Die Muslimbruderschaft, die schon jahrzehntelang als politische Kraft etabliert war, erwies sich allerdings rasch als die effektivste und am besten organisierte Gruppe, die von der Protestbewegung profitierte.

Zum ersten Mal waren Christen an einem Aufstand in Ägypten sichtbar beteiligt. Im Arabischen sagt man: „Geh dicht an der Wand" – was ungefähr so viel bedeutet wie: „Zieh den Kopf ein". Christen sind in Ägypten seit Jahrhunderten „dicht an der Wand gegangen". Aber diesmal zeigten sie offen ihre Sympathien für die Revolution.

Während der Revolution hielten die Muslime ihre Gebetszeiten ein. Aber während sie in Richtung Mekka knieten, waren sie anfällig für Angriffe der Polizei. Also bildeten die Christen Kreise um die betenden Muslime. Christliche Kirchen dienten als Verbandsräume für die Verwundeten, ohne dass man fragte, welcher Religion die Opfer angehörten. Christliche Gemeinden hielten Gedenkgottesdienste für die Muslime, die der Regierungsgewalt zum Opfer gefallen waren. Für viele, die daran teilnahmen, war es das erste Mal, dass sie eine Kirche betraten. Ein Pastor hielt eine Predigt unter dem Motto: „Ich liebe mein Land, mein Ägypten" und Muslime und Christen sangen gemeinsam Choräle. Seit 1919, als ein koptischer Priester und ein muslimischer Imam Arm in Arm vor den König getreten waren, um gegen von ihm begangenes Unrecht zu protestieren, war dies das erste Mal, dass die christliche Kirche im öffentlichen Leben Ägyptens so erkennbar willkommen war.

Bis dahin hatten ägyptische Muslime geglaubt, Christen könnten keine guten Patrioten sein, weil sie andere Loyalitäten zu erfüllen hätten. Nach dem Irakkrieg fürchteten nicht wenige Ägypter, die Anwesenheit von Christen in Ägypten würde den USA einen Vorwand liefern, militärisch in Ägypten einzugreifen. Aber die Christen in Kairo widerlegten diese Mythen. Sie standen so loyal zu ihrem Land wie jeder andere Ägypter auch.

Nach der Revolution gewann die Muslimbruderschaft durch ihren politischen Zweig, die Freiheits- und Gerechtigkeitspartei, die Parlamentswahl. Muhammad Mursi, eingetragenes Mitglied der Bruderschaft, wurde zum Staatspräsidenten gewählt. Seit ihrer Gründung 1928 hatte die Muslimbruderschaft darauf hingearbeitet. Nach einer international als legitim anerkannten Wahl hatte sie ein Mandat, die Regierung zu übernehmen. Euphorie! Die Begeisterung dauerte nicht einmal eine Woche. Die Bruderschaft ging sofort daran, den utopischen islamischen Staat zu errichten. Von der Grundidee her hieß das: Die äußerste Loyalität schuldet man nicht zuerst der ägyptischen Nation, sondern einem metaphysischen Gebilde namens „islamische Welt" oder *Umma* (Gemeinschaft der Muslime). Diese Gemeinschaft übersteigt nationale Grenzen und ist eher ideell als physisch greifbar. Derjenige, der definiert, wie das Konzept verstanden werden soll, kann es auch etablieren und regulieren. Das hatte verschiedene Konsequenzen, die alle negativ waren – jedenfalls aus der Sicht der Christen, der westlichen Demokratien und der Frauen.

Ein Journalist beschreibt die Strategie wie folgt: „Die Mursi-Administration und die Bruderschaft regierten höchst einseitig. Mit der vereinnahmenden Haltung einer Mehrheitspartei nach dem Motto ‚Der Sieger kriegt alles' stießen sie andere Parteien quer durch das politische Spektrum – inklusive früherer Verbündeter wie der ultrakonservativen Al-Nur-Partei – vor den Kopf und verhinderten, dass diese auch außerhalb ihrer traditionellen Wählerschaft Vertrauen aufbauen konnten. Sie sprachen sich gegen Konsultationen zwischen Regierung und NGOs, Zivilgesellschaft, Aktivisten und anderen Interessenvertretern im Blick auf die staatliche Politik aus."[62]

Als Erstes versuchten sie, kulturelle Einrichtungen, die nicht in die neue islamische Welt passten, zu schließen oder zu kontrollieren. Der „liberale" Kulturminister wurde durch einen Mann ersetzt, der mehr nach ihrem Geschmack war. Er bewies die richtige Gesinnung, indem er die Ägyptische Oper schloss. Dann ließ er den Kabarettisten Adel Imam verhaften, der die Filmsatire *Der Terrorist* gedreht hatte, eine Parodie auf den radikalen Islam. Das muss man den Muslimbrüdern lassen: Sie wussten, durch wen und wo Kultur geprägt wird. Sie hatten die richtigen Ziele im Visier.

Dann wurden die Rechte der Frauen beschnitten. Der Anteil der Frauen im Parlament sank von zwölf auf zwei Prozent; die Verfügung, dass mindestens fünfundsechzig Sitze im Parlament mit Frauen besetzt sein mussten, wurde außer Kraft gesetzt. Die Freiheits- und Gerechtigkeitspartei der Muslimbruderschaft erklärte öffentlich, eine Frau könne nicht Staatspräsidentin sein. Bürgerliches Recht hatte nur noch insoweit Geltung, als es mit dem Scharia-Recht übereinstimmte. Mit dieser Bestimmung war die Regierung ermächtigt, Gesetze über Scheidung, Grundbesitz für Frauen und Schutz vor Missbrauch in der Ehe zu ändern. Auch hier muss man anerkennen: Die Bruderschaft verstand sehr genau, dass gebildete und selbstbewusste Frauen eine Bedrohung für ihre Macht darstellen.

Dann richtete sich ihre Vision eines islamischen Staates auf den Tourismus. Die Muslimbrüder widmeten sich so entscheidenden Fragen wie der, ob westliche Touristen in Badekleidung an ägyptischen Stränden liegen oder in Shorts um die Pyramiden wandern dürften. Nein, fanden sie, denn das sei gegen das islamische Recht. Der Tourismus brach zusammen. Vor der Revolution, im Jahr 2008, kamen etwa zwölf Millionen Touristen ins Land und zwölf Prozent der ägyptischen Bevölkerung arbeiteten in der Tourismusbranche. Nach der ersten Revolution und der Wahl Mursis ging der Tourismus um ein Drittel zurück und damit auch die Zahl der damit verbundenen Arbeitsplätze.

Um die strikten Regeln im Tourismus durchzusetzen, ernannte Präsident Mursi einen neuen Gouverneur für Luxor, wo sich die Königsgräber befinden: Adel al-Khayat. Khayat war Mitglied der radikal-islamischen Gamaa Islamija, die 1997 in Luxor achtundfünfzig Touristen getötet hatte. Er war vermutlich selbst an diesem Massaker beteiligt. Statt für die Sicherheit von finanzkräftigen Touristen zu sorgen, die zwölf Prozent der Arbeitnehmer des Landes finanzierten, setzte Mursi einen Mann ein, der Anschläge auf Touristen befürwortet hatte. Das war zu viel für jeden vernünftigen Ägypter. Es bildete sich eine Koalition von Protestgruppen, Gewerkschaften und Angestellten der Tourismusbranche. Sie drohten, die Pyramiden und alle anderen Touristenattraktionen zu bestreiken, wenn Khayat auf seinem Posten bliebe. Er sah sich gezwungen, noch vor Ablauf einer Woche zurückzutreten.

Mit der Wirtschaft ging es stetig bergab, während Arbeitslosigkeit und Inflation stiegen. Die Mursi-Regierung hatte keinen erkennbaren Plan, was sie dagegen tun wollte, außer sich auf sporadische Finanzspritzen regionaler Verbündeter zu verlassen, unter denen Katar der bedeutendste war.

Ein freier Journalist beschreibt das erste Regierungsjahr Mursis so: „Die ersten Risse bekam das politische Gewebe Ägyptens mit Mursis Verfassungserklärung vom November 2012, die ihm weitreichende Vollmachten garantierte und seine Entscheidungen über die der Justiz stellte. Das war der Auftakt zu ersten Massenprotesten gegen seine Regierung. Es kam zu Zusammenstößen zwischen Mursi-Gegnern und seinen Anhängern. Dann peitschte die Bruderschaft eine Verfassung durch, die von einem Gremium entworfen worden war, aus dem zuvor alle nicht islamistischen Mitglieder ausgetreten waren – ein Vorgehen, das die politische Arena unwiderruflich polarisierte. Die Weigerung der Bruderschaft, sich auf irgendeinen integrativen oder konsensorientierten Prozess einzulassen, drängte sie in die politische Isolation, sobald die Abweichler anfingen, sich gegen sie zu verbünden.“[63]

Es überrascht nicht, dass die Christen in dieser zweiten Revolution noch sichtbarer waren als in der ersten. Sie wussten, dass sie um ihre Existenz kämpften. Während Mursis Präsidentschaft wurde die St.-Markus-Kathedrale, das berühmte und symbolträchtige Zentrum der koptischen Kirche, Ziel sektiererischer Gewalt. Besucher der Kathedrale, die um die Toten der Revolution trauern wollten, wurden mit Steinen angegriffen. Zweiundachtzig christliche Kirchen in Ägypten brannten nieder und die Polizei ging mit Tränengas gegen Gemeindeglieder vor. Um die Brandschatzung zu rechtfertigen, warf die Bruderschaft den Christen vor, sie nutzten die Kirchen als Waffenverstecke. Koptische Frauen wurden gedrängt, sich zu verschleiern. Eine Fatwa verbot es Muslimen sogar, Christen „Frohe Weihnachten" zu wünschen. Es gab christliche Kleinhändler und Unternehmer, die ihr Geschäft aufgeben mussten, nachdem es attackiert worden war, ohne dass die Polizei sich bemühte, die Täter zu ermitteln. Die Christen waren aber wohl kaum die Einzigen, die Mursi und die Bruderschaft verabscheuten. Die Mehrheit der Ägypter wollte sie los sein.

Nach der ersten ägyptischen Revolution, die zum Sturz von Präsident Mubarak geführt hatte, zeigte der radikale Islam sein wahres Gesicht. Die Mursi-Regierung wurde völlig zu Recht als inkompetent belächelt. Aber wehe denen, die es wagten, ihre Kritik zu äußern! In den ersten zweihundert Tagen von Mursis Präsidentschaft gab es mehr Anzeigen wegen „Beleidigung des Präsidenten" als in den dreißig Jahren der Regierung Mubaraks[64]. Die Proteste gegen ihn hatten schließlich weitaus größere Ausmaße als die gegen Mubarak. Es kam so weit, dass dreißig Millionen Ägypter gegen Mursi protestierten. Die Rekordanzahl von Demonstranten gegen Mubarak hatte bei zwei Millionen gelegen. In nur einem Jahr gelang es Präsident Mursi, praktisch ganz Ägypten gegen sich aufzubringen, alle, die nicht zur Muslimbruderschaft gehörten. Genau ein Jahr und drei Tage, nachdem er ins Amt gekommen war, wurde Mursi abgesetzt.[65]

In den USA wunderte man sich über die Wankelmütigkeit der Ägypter. Heute wählten sie einen Präsidenten, im nächsten Jahr setzten sie ihn ab. Aber im Westen, besonders in den Vereinigten Staaten, scheint man zu glauben, dass freie Wahlen auch schon Demokratie bedeuten. Das ist nicht der Fall. Auch Adolf Hitler kam durch eine freie Wahl an die Macht und noch heute beklagen Millionen die Tatsache, dass die Deutschen ihn nicht aus dem Amt gejagt haben. Die USA unterstützten freie Wahlen in den Palästinensergebieten – mit dem Ergebnis, dass die radikalste islamistische Partei, die Hamas, sie gewann und anschließend Israel, den Westmächten und den Palästinensern selbst das Leben schwer machte. Dass jemand auf legale Weise in ein Amt kommt, zählt weniger als die Frage, ob er es auch angemessen ausfüllt. Mursi jedenfalls tat das nicht. Er versuchte, seine eigene Regierung aufzulösen und stattdessen eine islamistische Diktatur aufzurichten.

Die einzige gut organisierte und politisch einflussreiche Größe in Ägypten neben der Muslimbruderschaft ist das Militär. Und so war an der zweiten ägyptischen Revolution nicht nur die Mehrheit des Volkes, sondern auch das Militär beteiligt. Unter der Mursi-Administration waren Polizei und Militär in der prekären Lage, Maßnahmen durchsetzen zu müssen, die sie selbst nicht unterstützten. So wurde etwa Polizeigewalt gegen Demonstranten eingesetzt, die genau dasselbe wollten wie die Polizei auch. Und anschließend wurden die Polizisten für Handlungen verantwortlich gemacht, zu denen sie gezwungen worden waren. Als die Rufe nach einem Rücktritt von Mursi immer lauter wurden, ging General Abdel Fattah El-Sisi schließlich darauf ein und zwang Mursi, sein Amt aufzugeben. Im Mai 2014 gewann El-Sisi dann selbst die Präsidentschaftswahlen.

Seither sind wir in einer ähnlichen Situation wie unter Nasser; das Militär herrscht und die Bruderschaft ist geflohen oder in den Untergrund abgetaucht. Die ägyptische Justiz stellte sich hinter Sisi und verhängte fünfhundert Todesurteile gegen Mitglieder der Muslimbruderschaft. Ich bezweifle, dass sie vollstreckt werden, aber sicher war es ein starkes Signal. Die Ägypter haben – ebenso wie die meisten arabischen Muslime – verstanden, wie schlimm ein islamischer Staat sein kann. Sie sehen es in Ägypten, sie haben es im Iran und beim IS gesehen. All das sind Beispiele dafür, wie Muslime sich gegenseitig bekämpfen, während sie versuchen, den idealen islamischen Staat zu schaffen. Ein häufig zitierter Koranvers sagt: „Ihr seid das beste Volk, hervorgebracht zum Wohl der Menschheit; ihr gebietet das Gute und verwehrt das Böse und glaubt an Allah. Und wenn das Volk der Schrift auch (diese Anweisung Allahs) annähme, wahrlich würde es ihnen besser frommen. Manche von ihnen nehmen (sie) an, doch die meisten ihrer sind ungehorsam" (Sure 3:110).

Das „Volk der Schrift" waren damals die Christen. Heute allerdings fragen sich viele Muslime, ob nicht die Christenheit „das beste Volk" ist. Eine Frau hat gemeint, der Koran liege an dieser Stelle falsch. Es müsse heißen: „Ihr (Haus des Islam) seid das übelste Volk, das es je gab, und seid ein abschreckendes Beispiel für die Menschheit."[66]

Einen ausgeprägten Islam zu erleben, ist eine erschreckende und zugleich beschämende Erfahrung. Wie ich schon sagte, glaube ich, dass die radikalen Islamisten die wirklichen Muslime sind und dass der theokratische Staat, den sie errichten wollen, die zwangsläufige Folge eines orthodox verstandenen Islam ist. Wo immer der Islam die Herrschaft übernimmt, werden das Scharia-Recht und die Durchsetzung der Forderungen des Korans die Folge sein.

Die bereits genannte verbitterte Muslima, die ich im vorigen Absatz zitiert habe, kommentierte ihre eigene Religion so: „Ist es nicht eine Schande, dass wir Muslime nach vierzehnhundert Jahren islamischer Tradition noch immer einen Stock brauchen, um zu gehen? Das schändliche Verhalten und die skandalösen Ansichten unserer religiösen Führer haben uns zum Gespött der ganzen Welt gemacht, als wären wir die jüngste Komödie im Welttheater. Ein paar religiösen Klerikern ist es gelungen, uns zu Atheisten zu machen! … Wie kann es Allah geben, wenn Töten und Enthaupten und Finger- und Zehenabschneiden und Menschenverbrennen zu unserem islamischen Glauben gehören? All das beweist der Welt, dass Gott nirgends zu finden ist und dass es ihn nicht kümmert, was Muslime tun.

Seht euch den Islam im Irak an – ein einziges Schlachten; in Palästina ist der Islam zerteilt in Fatah und Hamas und in meinem eigenen Land (Ägypten) in ungläubige Sunniten und ungläubige Schiiten. Oh ihr Muslime, lasst ab davon, Allah zu verteidigen, indem ihr Menschen tötet; verteidigt lieber die Seelen der Menschheit, damit sie alle Allah erkennen können. Wird der Prophet des Islam glücklich und stolz und begeistert sein über die vielen Köpfe, die Muslime abgeschlagen haben, wenn er dies sieht? Oder wird er vielleicht angesichts dessen, was er da sehen muss, Selbstmord begehen?"[67]

Manche sind der Meinung, derartige Zitate bezögen sich nur auf den „radikalen" Islam und ein islamischer Staat müsse nicht zwingend so aussehen. Ich bin anderer Ansicht. Ein voll entfalteter Islam verlangt das Scharia-Recht und wird seine gesellschaftlichen Gepflogenheiten aus dem Arabien des siebten Jahrhunderts ableiten. Nichts davon lässt sich mit einer modernen Demokratie vereinbaren. Der Islam kann sich daher nicht so reformieren, dass er in die moderne Zeit passt. Die muslimischen Staaten, die dem „idealen" islamischen Staat am nächsten kommen, sind solche, in denen Unterdrückung und Armut am schlimmsten sind. (Denken Sie mit Blick auf Unterdrückung an Saudi-Arabien und mit Blick auf Armut an Afghanistan.)

Leider sehe ich keinerlei Veränderungen im Islam, die diese Situation verbessern würden. In der Vergangenheit wurden Stimmen, die versuchten, den Islam zu reformieren, übertönt oder zum Schweigen gebracht. *Sunna* bedeutet wie erwähnt „gewohnte Handlung, ausgetretener Pfad" – und dieser Pfad ist in der Tat sehr ausgetreten. Eine Anpassung an die Moderne würde voraussetzen, dass der Islam im rechten Winkel von diesem Weg abweicht – und das will und kann er nicht tun.[68] Der Islam hat nahezu alle Bemühungen um gesellschaftspolitischen Wandel im Keim erstickt und es gibt keine Anzeichen, dass er die Richtung ändern will. Für den Islam gibt es nur alles oder nichts: eine wahrhaft islamische Gesellschaft unter dem Kalifat oder eine säkulare Gesellschaft, die vom wahren Glauben abgefallen ist.

Viele Muslime sind betrübt, verwirrt, verletzt und beschämt durch die Brutalität und Unfähigkeit ihrer religiösen Führer. Und ich teile diese Gefühle. Aber ich habe eine Antwort, die ich auch gern mit ihnen teilen würde: Der Fürst des Friedens, der sein Leben für seine Freunde hingegeben hat, tat das auch für sie und er wartet auf sie.

15

Wenn Muslime Christen werden

In den letzten vierzig Jahren sind mehr Muslime zum Glauben an Jesus Christus gekommen als in vierzehn Jahrhunderten zuvor. Wir wissen, dass das stimmt, auch wenn die genauen Zahlen schwer zu ermitteln sind. So sind etwa unter den algerischen

Berberstämmen Zehntausende Algerier Christen geworden. Vor zwanzig Jahren gab es dort noch so gut wie keine Christen. Die erste christliche Missionsarbeit unter den Berbern begann 1881, aber es gab kaum Bekehrungen. Nach dem algerischen Unabhängigkeitskrieg von Frankreich (1954–1962) flohen viele Berber und die Franzosen wurden ausgewiesen. Unter den Ausgewiesenen war auch eine Missionarin. Beim Abschied sagte sie zu einer algerischen Christin: „Dies ist ein schwarzer Tag in der Geschichte Algeriens." Diese Algerierin wurde später als Mutter der algerischen Kirche bekannt, denn sie betete darum, dass diese Worte sich nicht erfüllen mögen. Ihre Gebete wurden erhört. In den Jahren nach der Ausweisung der westlichen Missionare wuchs die Gemeinde in Algerien dramatisch.

Ein Grund dafür, dass die Berber dem christlichen Glauben aufgeschlossen begegneten, ist wohl der, dass sie im Islam einen Minderheitenstatus haben. Arabisch ist nicht ihre Muttersprache, aber im Islam müssen Gebete und Lesungen auf Arabisch rezitiert werden. Der Koran selbst kann offiziell nicht in andere Sprachen übersetzt werden, denn nur die klassische arabische Fassung gilt als wahre Offenbarung. Natürlich gibt es Übersetzungen, aber sie gelten als „Interpretationen" und als weniger authentisch. Aber selbst solche „Interpretationen" gibt es nicht in den Hauptdialekten der Berber. Die Bibel dagegen liegt in diesen Sprachen vor. Die Bibel war sogar das erste Buch, das auf Kabylisch, einem Hauptdialekt der Berber, vorlag. Und der erste Film in diesem Dialekt war der *Jesusfilm*.

Die Berber sind ethnisch gesehen keine Araber und sie sind stolz auf ihre eigene Herkunft. Nicht arabische Muslime gelten fast überall auf der Welt im Haus des Islam als Bürger zweiter Klasse. Als die Bibel in ihrer Sprache vorlag und sie begriffen, dass sie im Christentum als Berber so akzeptiert wurden, wie sie waren, fanden beachtlich viele Berber zum Glauben. Viele gingen später nach Frankreich und wurden dort selbst missionarisch tätig. Etliche evangelische Gemeinden in Frankreich haben einen Berber als Pastor.

Die Mission unter den Berbern mag eine Erfolgsgeschichte

sein. Aber es gibt auch weniger beeindruckende Missionserfahrungen. Drei Hauptgründe sehe ich dafür.

Zunächst einmal: Die Zeit muss reif sein – von Gott her gesehen. Seit dem Tod des Propheten im Jahr 632 n. Chr. hat sich der Islam stetig weiter verbreitet – und tut es bis heute. Aber auch die Zahl der Muslime, die zum Glauben an Christus finden, wächst. Jahrhundertelang glaubte man, in Ländern wie Saudi-Arabien gebe es praktisch überhaupt keine Christen. Aber heute wissen wir, dass es selbst in Mekka und Medina, den Zentren des Islam, Hausgemeinden gibt. Gott hat die Welt zur Zeit des Römischen Reiches auf das Kommen des Messias vorbereitet; vielleicht wirkt er heute, dass Jesus Christus auch in die muslimische Welt kommt.

Zweitens: Gebet. Ich weiß aus glaubwürdigen Quellen, dass ungefähr fünfzig Millionen Christen in der ganzen Welt regelmäßig für die muslimische Welt beten. Und diese Zahl steigt stetig.[69]

Und schließlich: technische Möglichkeiten. Mit unseren modernen Kommunikationsmitteln können wir das Evangelium überall hinbringen. Es gibt heute christliche Webseiten auf Arabisch, auf denen jeden Tag neue Beiträge das Evangelium erklären. Satellitenfernsehprogramme zeigen Christen aus muslimischem Hintergrund, die über ihren Glauben sprechen. Christliche Radioprogramme gibt es in fast allen wichtigen islamischen Sprachen. In der Vergangenheit glaubten Muslime, so etwas wie einen muslimischen Konvertiten zum christlichen Glauben könne es gar nicht geben. Es war unvorstellbar, dass jemand die Vollkommenheit des Islam aufgeben und stattdessen die irregeleitete Vorläuferreligion wählen könnte. Heute findet man in Fernsehen und Radio überall Christen mit muslimischem Hintergrund, die über ihren Glauben sprechen. Selbst der überzeugteste Muslim kann kaum noch behaupten, ein Wechsel vom Islam zum christlichen Glauben sei undenkbar und käme nicht vor.

Bibeln in Arabisch oder anderen wichtigen muslimischen Sprachen gibt es heute online, gedruckt und auf Datenträgern.

In den meisten Sprachen einschließlich des Arabischen sind Bibelkommentare, christliche Filme, christliche Musik und Bücher erhältlich. Und die Leute machen Gebrauch davon. Das wissen wir aus den Tausenden von Seitenaufrufen, die die Betreiber der entsprechenden Seiten verzeichnen.[70] Wie viele Menschen tatsächlich über diese Kanäle Christen werden, lässt sich allerdings sehr schwer beziffern, weil viele junge Christen ihre Konversion zunächst geheim halten.

Hinweisen möchte ich darauf, welch wichtige Rolle die Musik für die Evangelisation unter Muslimen spielt. Im islamischen Gottesdienst gibt es keine Musik. Manche islamischen Gruppen verbieten Gesang und Instrumentalmusik regelrecht.[71] Daher gibt es im Islam keine klassische Musiktradition oder arabische Kompositionen, die etwa mit Händels *Messias* vergleichbar wären. Muslime, die mit klassischer geistlicher Musik in Kontakt kommen, sind meist überwältigt. Wenn sie erleben, dass Männer und Frauen gemeinsam Gott mit Gesang und Musik preisen, entdecken sie im christlichen Glauben eine Schönheit, die es im Islam nicht gibt. Es gibt eine ganze Reihe zeitgenössischer Musiker, die vom Islam zum christlichen Glauben konvertiert sind und deren Werke man online und auf vielen Radiosendern hören kann.

Auch medizinische Dienste bewegen in muslimischen Ländern viel. Die folgende Geschichte ist gut bezeugt: Eine Gruppe christlicher Ärzte und Schwestern besuchte eine islamische Stadt, die als sehr konservativ bekannt war. In solchen Orten wagte es normalerweise niemand, einen medizinischen Dienst in Anspruch zu nehmen, der von Christen gesponsert wurde. Aber als dieses Team sein Reiseziel erreichte, wartete vor der Klinik bereits eine lange Menschenschlange. Einer nach dem anderen betrat den Behandlungsraum.

„Was fehlt Ihnen? Wo haben Sie Schmerzen?"

„Nein, ich habe keine Schmerzen. Aber Sie sind Christen und ich hatte gehofft, Sie hätten vielleicht eine Bibel für mich."

Wir wissen, dass jedes Jahr Zehntausende Muslime Christen werden. Al-Dschasira, der wichtigste Nachrichtenkanal der arabischen Welt, berichtete, dass in den letzten Jahren Millionen Nordafrikaner Christen geworden seien. Sehr wahrscheinlich war die Zahl etwas übertrieben, um die Hörer aufzustacheln, aber die Meldung muss einen Anhaltspunkt an gesicherten Fakten haben.

Es ist niemals leicht, sich vom Islam loszusagen und Christ zu werden. Die Schande, die das für die Familie bedeutet, macht es schwer, sich öffentlich zu diesem Schritt zu bekennen. Und wenn Muslime Christen werden, erleben sie oft genug, dass die Christen, die sie kennen, sie nicht gerade mit offenen Armen empfangen – Stammeszugehörigkeiten, ethnische oder soziale Differenzen stehen dem entgegen. Ich kenne einen Sudanesen, der sich taufen ließ, aber später verweigerte die Gemeinde, die ihn aufgenommen hatte, ihm Hilfe und Schutz. Ein anderer wurde durch die Taufe in die Gemeinde aufgenommen, aber dann durfte er eine Frau aus dieser Gemeinde nicht heiraten, die einer anderen ethnischen und gesellschaftlichen Gruppe angehörte. Ganz sicher gab es derartige Dinge auch im Westen; aber für einen jungen Christen mit muslimischem Hintergrund können diese Erfahrungen vernichtend sein.

Viele Muslime kommen durch Träume zum Glauben. Im Westen halten wir Träume für eine Art Müllcontainer des Unbewussten und messen ihnen nicht so viel Bedeutung bei. Im Osten dagegen haben Träume einen hohen Stellenwert. Wenn jemandem, dessen Frau gerade schwanger ist, etwa der Erzvater Josef im Traum erscheint, sollte er das Kind Josef nennen. Dann kann er davon ausgehen, dass es, wie Josef, gut aussehend und weise werden wird.

Vier Themen sind an religiösen Buch- und Zeitungsständen im Nahen Osten anscheinend immer vertreten: Sex, die Endzeit, böse Geister *(Dschinni)* und Träume. Oft kommen die Leute – besonders die Frauen – zusammen und sprechen darüber, was sie nachts geträumt haben, und dann hilft man sich gegenseitig, die Träume zu deuten. Manche sehen im Traum eine Gestalt, in der sie Jesus erkennen. Dann suchen sie eine Christin auf, die ihnen mehr darüber sagen kann. Andere sehen ein Kreuz im

Himmel und erkennen es als christliches Zeichen. Wieder andere besuchen Treffen von Christen und erleben dort Befreiung von einer dämonischen Besessenheit.

Ich habe von einem Muslim gehört, der von der Pilgerfahrt nach Mekka zurückfuhr. Die ganze Reise hatte ihn frustriert und er hatte den Eindruck, dass das, was ein ganz besonderes religiöses Erlebnis hätte sein sollen, ihn überhaupt nicht verändert hatte. Wenn überhaupt, ging es ihm schlechter als vorher. Er stieg in den Bus und tauschte ein paar Höflichkeiten mit dem Fahrer aus. Als er über seine Enttäuschung sprach, meinte der Fahrer: „Haben Sie es schon mal mit Jesus versucht?" Der Mann gab keine Antwort, fuhr nach Hause, stieg aus und ging heim. Zu Hause besuchte er jemanden, von dem er annahm, dass er Christ war, und fragte nach Material über den christlichen Glauben. Unter anderem erhielt er eine DVD. Als er sie abspielte, war der Erste, den er sah, eben jener Busfahrer.

In westlichen Ohren klingen solche Dinge zweifellos seltsam und befremdlich. Aber Gott hat in biblischen Zeiten durch Visionen, Heilungen und Wunder gehandelt und er kann es heute ebenso tun. Der Westen ist so stark beeinflusst vom wissenschaftlichen Rationalismus, dass wir uns ein derartiges Handeln Gottes kaum noch vorstellen können. Aber im Osten ist es eine Realität.

Ein anderer Araber hatte eine kranke Frau. In der Hoffnung auf Heilung brachte er sie zu vielen Ärzten, aber ohne Erfolg. In einem Traum erhielt er eine Telefonnummer. Er notierte sie sich und schlief wieder ein. Am nächsten Morgen beschloss er, dem Hinweis nachzugehen, und wählte die Nummer. Der Mann am anderen Ende der Leitung stellte sich nicht vor, fragte ihn aber, warum er anrufe. Er sagte, er sei sich gar nicht sicher, ob das eine aktive Telefonnummer sei oder nicht, aber er wollte es eben probieren, denn er hätte sie im Traum gehört. Es stellte sich heraus, dass er bei einer christlichen Organisation gelandet war. Er brachte seine kranke Frau dorthin und sie wurde durch Fürbittegebet geheilt.

Wenn ich mit Muslimen über den christlichen Glauben rede,

sage ich nie etwas Negatives über den Propheten. Das wäre sonst in etwa so, als würde ich einem Katholiken sagen, Maria sei ein leichtes Mädchen gewesen. Seit vierzehnhundert Jahren ist Mohammed das vollkommene Beispiel eines guten muslimischen Lebens. Das infrage zu stellen, würde Muslime nur zornig machen. Daher spreche ich lieber über die Liebe Gottes. Allah ist für Muslime ein strenger Gesetzgeber; der Prophet warnt vor dem düsteren Schicksal der Ungehorsamen. Der christliche Gott dagegen ist ein liebender Vater. Seine Liebe zu uns hat ihn veranlasst, seinen Sohn zu senden, um uns zu erlösen und uns unsere Scham abzunehmen. Ein Muslim mit wachem Verstand wird schnell erkennen, dass eine solche Liebe weder bei Allah noch bei seinem Propheten zu finden ist; aber um zu dieser Erkenntnis zu kommen, ist es nicht nötig, den Propheten Mohammed abzuwerten.

Vor diesem Hintergrund verwende ich manchmal das zugegebenermaßen abgedroschene Bild einer Orange, um die Liebe Gottes zu illustrieren.

„Was ist das?", frage ich.

„Eine Orange", lautet die Antwort.

„Welche Farbe hat sie?"

„Orange."

„Was ist dieser Teil?", frage ich weiter und zeige auf die Schale.

„Die Orangenschale."

„Und dies?"

„Ein Stück Orange."

„Was passiert, wenn man die Orange quetscht?"

„Man bekommt Orangensaft."

„Und Gott ist genauso. Sein Wesen ist Liebe; sein Name ist Liebe, er besteht aus Liebe. Alles, was ihn ausmacht, ist Liebe. Wenn du ihn schmeckst, schmeckst du Liebe. Wenn du nur eine Seite an ihm kennenlernst, findest du Liebe."

Meist sind die Menschen begeistert, wenn sie das hören, denn eine solche Liebe kennen sie weder aus ihren Familien noch von ihren eigenen Vätern oder von ihrem Gott.

Ich kenne eine saudische Frau, die Christin wurde und ihren

Freundinnen und Bekannten davon erzählte. Als ihr Vater davon erfuhr, schnitt er ihr die Zunge heraus und tötete sie. Sie war eine Dichterin gewesen, aber ihr Tod brachte ihre Stimme nicht zum Verstummen. Ihre christlichen Gedichte in arabischer Sprache sind bis heute erhältlich. Ihr Vater hat ein abscheuliches Verbrechen begangen, aber er wurde dafür nicht zur Rechenschaft gezogen, denn in den Augen von Freunden und Nachbarn hatte er das Richtige getan. Es wäre für den Vater eine größere Schande gewesen, den christlichen Schandfleck in der Familie bestehen zu lassen, als ihn durch Mord zu tilgen. Solche „Ehrenmorde" beseitigen die Ursache der Schande und werden nur sehr selten gerichtlich geahndet.

Leider sind diese Ehrenmorde an christlichen Konvertiten nicht ungewöhnlich. Im Osten sind Ehre bzw. Schande wichtiger als etwa Gerechtigkeit. Wenn das Kind eines Muslims Christ wird, gilt das Kind in der Familie als Schande. Eine Konversion ist nicht, wie im Westen, schlicht ein Wechsel des religiösen Bekenntnisses; es ist ein Schlag ins Gesicht der Familie. Kinder gelten nicht als Individuen, die frei entscheiden können, was sie glauben wollen, sondern als nur ein Teil einer großen Familie und Gemeinschaft mit gemeinsamer Tradition, gemeinsamen Vorfahren und einer gemeinsamen Religion. Mit der Abwendung von der Religion verneint der junge Mensch auch Volk, Verwandtschaft und Kultur. Für einen Vater ist das so, als wäre der schöne Körper der arabischen islamischen Gesellschaft plötzlich entstellt durch ein hässliches Geschwür. Eine solch schamlose Ungeheuerlichkeit kann man nicht durchgehen lassen; sie muss beseitigt werden. In meiner eigenen Verwandtschaft bin ich bis heute ein Ausgestoßener.

Ich kenne eine junge Jordanierin, Ehefrau und Mutter von zwei Kindern, die nach ihrer Bekehrung zu Christus von ihrem Vater zu Tode gesteinigt wurde, obwohl ihr Mann auch Christ war. Er hatte sie nicht beschützen können.

Im Islam ist alles eins und eins ist alles. Im Westen können verschiedene Aspekte unseres Lebens friedlich nebeneinander existieren. So kann man als Christ zum Beispiel mit der Tochter in derselben Firma arbeiten und beide können Fans derselben Fußballmannschaft sein. Wenn die Tochter beschließen würde, einen neuen Job woanders anzunehmen, wäre sie immer noch Tochter ihres Vaters und die beiden gemeinsame Sportfans. Im Islam ist es anders. Die islamische Gesellschaft teilt das Leben nicht in verschiedene Lebensbereiche auf.

Generell wollen muslimische Männer meist über Fragen von Glauben und Politik diskutieren, während Frauen eher daran interessiert sind, wie das gesellschaftliche Leben von Christen aussieht. Muslimische Männer fragen mich nach der Logik der Trinitätslehre und warum es vier Evangelien geben muss. Sie wollen über die Politik der westlichen – in ihren Augen christlichen – Staaten reden. Diese Fragen sind fast wie einprogrammiert: Seit Jahrhunderten stellen muslimische Männer diese Fragen an die Christen. Frauen dagegen wollen zum Beispiel wissen, wie eine christliche Ehe aussieht. Stimmt es, dass ein Mann nur eine Frau haben kann? Schlagen Christen ihre Frauen? Wie oft am Tag muss man als Christ beten?

Traurigerweise akzeptieren die meisten muslimischen Frauen ihren untergeordneten Status einfach als den Willen Allahs. „Das ist das Schicksal, das Allah mir zugemessen hat", ist der oft gehörte Refrain. Aber viele muslimische Frauen werden Christinnen – in größerer Zahl als die Männer. Für Frauen ist der christliche Glaube in mehr als einer Hinsicht eine Befreiung.

Obwohl viele Araber offen ihren Hass auf den Westen zur Schau tragen und glauben, dass er es verdient unterzugehen, sind die meisten doch insgeheim neidisch auf den Wohlstand und die Freiheit der westlichen Staaten. Wenn sie könnten, würden die meisten wohl gleich morgen ins Flugzeug steigen und nach Europa oder in die USA ausfliegen. Diese Ambivalenz macht ein Gespräch über den christlichen Glauben schwierig. Meist muss ich erst eine Menge an sozialen und politischen Themen wegräumen, die einem Muslim auf seinem Weg zu Christus im Weg stehen.

Immer wieder stellt der Islam sich auch selbst ein Bein und eröffnet so unfreiwillige Möglichkeiten für christliche Evangelisation. Vor einigen Jahren, als Frauen in der arabischen Welt verstärkt berufstätig wurden, entstand folgende Frage, die eine Muslima an ihren Imam richtete: Durfte sie im selben Büro mit Männern arbeiten, mit denen sie nicht verwandt war? Diese Situation ergab sich jetzt ja immer öfter. Der Imam erkundigte sich bei einem höherrangigen Islamlehrer. Nach langer Bedenkzeit erließ dieser eine Fatwa folgenden Inhalts: „Das Problem besteht darin, dass der Mann und die Frau nicht verwandt sind und daher nicht zusammen unter einem Dach sein dürfen. Wie können sie denn verwandt werden? Wenn eine Frau jemanden stillt, nimmt dieser andere ihre Körperflüssigkeit auf und wird dadurch eigentlich zu einem Kind dieser Frau. Was also soll die Frau tun? Sie soll den Mann oder die Männer, mit denen sie ein Büro teilt, stillen. Dann sind sie miteinander verwandt und verstoßen nicht gegen Allahs Gebot."[72]

Wie man sich vorstellen kann, rief diese Fatwa ungläubiges Staunen hervor. Die Frau, die die Frage aufgebracht hatte, gab natürlich weiter, welchen Bescheid sie erhalten hatte, und die Meldung ging durch die Presse der gesamten muslimischen Welt.[73] Wie konnte jemand im zwanzigsten Jahrhundert auf eine derart absurde Lösung kommen? Als Aussage eines hochrangigen Imams der weitgehend frauenfeindlichen arabischen Welt klang das fast pornografisch. Naturgemäß brachte dieser Fall die Frage auf: Können die vierzehnhundert Jahre alten Worte des Propheten tatsächlich Maßstab für das Leben einer Nation im einundzwanzigsten Jahrhundert sein?

Ein Muslim aus dem Iran ging auf die Hadsch. Seine Muttersprache war Farsi; Arabisch sprach er nur bruchstückhaft. Unterwegs ließ ein anderer Pilger ihn wissen, dass ein Gebet in so schlechtem Arabisch von Allah keinesfalls akzeptiert würde. Der Mann beschloss daraufhin: Wenn Allah sein Arabisch nicht akzeptierte, würde er umgekehrt Allah auch nicht mehr akzeptieren.

Früher sagte man unter Arabern, nur die Armen und die Geistesschwachen würden Christen werden. Aber heute werden mehr und mehr Menschen Christen, die ganz offenbar bei klarem Verstand und außerdem wohlhabend sind. Meine Schwester erzählte mir neulich, dass es mittlerweile allein in unserer Straße drei oder vier „Verrückte" (Christen) gebe. Ich würde sie gern einmal kennenlernen, aber wenn ich mich in der Nähe meines Elternhauses und meiner früheren Moscheegemeinde sehen lassen würde, würde mich das wahrscheinlich das Leben kosten.[74]

Die Beziehung zwischen den vielen alten christlichen Kirchen und anderen christlichen Gemeinschaften einerseits und andererseits den Muslimen im Nahen Osten ist leider nicht freundlich. Die Kopten beispielsweise wurden jahrhundertelang von den Muslimen unterdrückt; sie würden es vermutlich lieber sehen, dass die Muslime besiegt würden statt bekehrt. Selbst evangelikale Christen im Nahen Osten sind manchmal alles andere als missionarisch aktiv. Ein arabischer evangelikaler Pastor sagte mir einmal: „Von mir aus können die Muslime zur Hölle fahren. Es gibt genug Christen, um die wir uns Sorgen machen können." Menschen, die Muslime ablehnen oder sogar hassen, werden ihnen wohl kaum die Liebe von Jesus vermitteln können. Ich verstehe ganz sicher, warum manche arabischen Christen zu einer solchen Haltung gelangen. Aber ich hoffe dennoch, dass sie dahin finden, ihre muslimischen Nachbarn wieder mit den Augen von Jesus zu sehen.

16

Meine Aufgabe

Anders als im 19. und frühen 20. Jahrhundert ist es heute nicht mehr möglich, offiziell als Missionar in muslimische Länder zu gehen, wie ein Samuel Zwemer und andere es damals taten. Dennoch gibt es viele Christen aus dem Westen in der muslimischen Welt, die dort einem normalen weltlichen Beruf nachgehen und gleichzeitig evangelisieren. Offen gesagt sind darunter nur sehr wenige, deren Arbeit effektiv ist. Ich kenne nur etwa ein Dutzend Europäer und Amerikaner, die fließend Arabisch sprechen. Und die kulturellen und sozialen Hürden sind für Menschen aus dem Westen in arabischen Ländern enorm. Viele arabische Christen sagen ganz offen, dass sie keine Missionare aus dem Westen wollen, jedenfalls nicht als Evangelisten und Gemeindegründer. Was sie dagegen brauchen, sind Berater für die Pastoren und Lehrer für die Neubekehrten, die meist große Mühe haben, ihren Glauben in den schwierigen Umständen zu leben.

Die meisten Europäer und Amerikaner tun sich meiner Erfahrung nach schwer, Lernende zu sein. Wenn sie in die Länder der südlichen Halbkugel reisen, wollen sie sofort die Führung in die Hand nehmen. Sie scheinen sich nicht klarzumachen, dass die Araber jahrhundertelang ihre gesellschaftlichen Angelegenheiten selbst geregelt haben, oft besser als die Europäer, die den Nahen Osten und Nordafrika kolonialisierten.

Ein faszinierender neuer Trend in der Missionsarbeit ist es, im Nahen Osten Lateinamerikaner als Undercover-Missionare einzusetzen. Lateinamerikaner haben gegenüber Europäern und Amerikanern in dieser Funktion einige Vorteile. Da Spanien fast siebenhundert Jahre von den Arabern besetzt war, ist die spanische Kultur der arabischen näher als die Westeuropas oder der USA. Südländer stehen den Arabern auch in ihren sozialen Umgangsformen näher. Sie sehen den Arabern ähnlicher, sie essen spät zu Abend und bleiben lange auf. Sie sind lebensfroh, scherzen gern, sind nicht auf die Uhr fixiert und stellen meist keine großen Ansprüche im Blick auf die Unterbringung. Es ist fast eine Ironie des Schicksals – aber zweifellos eine göttliche Fügung –, dass die Völker, die im achten Jahrhundert von den Arabern erobert wurden, heute, im einundzwanzigsten Jahrhundert, der arabischen Welt Christus bringen.

Meine theologische Ausbildung in den USA zahlt sich jedoch in meiner Evangelisationsarbeit unter Muslimen bis heute aus. Viele intellektuelle Herausforderungen in der Geschichte des Islam sind bis heute relevant. So gab es zum Beispiel im vierzehnten Jahrhundert eine rationale Schule im Islam (die Matazaliten), die die Ansicht vertrat, der Koran sei in der Zeit erschaffen, nicht anfangsewig wie Allah. Sie verlor den Disput unter den Gelehrten und die offizielle Lehre des Islam lautet, dass der Koran gleich ewig ist mit Allah.

Das mag vielleicht spitzfindig klingen, aber für gebildete Muslime ist die Frage noch immer von Bedeutung. Wenn der Koran anfangsewig mit Allah ist, wie kann Allah dann der Einzige sein, dem nichts anderes gleicht? Und wenn der Koran ewig ist, dann muss er vollkommen, irrtumslos und unveränderlich sein. Aber wenn er ewig, irrtumslos und unveränderlich ist, dann kann das nicht für bestimmte Absätze mehr oder weniger gelten als für andere. Nun sagt aber der Koran selbst, dass ein späterer Text einen früheren ersetzt oder sogar außer Kraft setzt.[75] Es besteht also ein logisches Problem. Warum sollten spätere Texte frühere aufheben, wenn der gesamte Koran ein einziges ewiges Ganzes ist? Meine hermeneutische Schulung im Studium hat mir in dieser Frage geholfen. Anders als der Koran wird die Bibel als fortschreitende Offenbarung verstanden. Die frühen Ereignisse der Heilsgeschichte erschließen oder erfüllen sich durch spätere Geschehnisse.

Viele Muslime, die zu Christus finden, wissen nicht, wem sie trauen können. Gemeinden und selbst Hauskreise sind nicht selten unterwandert von Spitzeln der Geheimpolizei oder der Sicherheitskräfte. Eine Gemeinde hat sich einen Test ausgedacht, wie man die echten Christen erkennen könnte. Und was war das? Schweinefleisch zu essen. Jeder, der ein so klares Gebot des Islam bricht, muss Christ sein. Traurig genug, dass ein solcher Test nötig war. Traurig genug, dass Christen in muslimischen Ländern ständig auf der Hut sein und in Angst leben müssen. Und traurig, dass sie einen solchen Trick brauchen, um sich sicher zu fühlen.

Als ich nach meiner Ausreise in die USA zum ersten Mal wieder in ein muslimisches Land fuhr, übernachtete ich in einem Hotel. Um fünf Uhr morgens hörte ich den Ruf des Muezzin:

„Gott ist größer.
Ich bezeuge, dass es keine Gottheit gibt außer Allah.

Eilt zum Gebet.
Eilt zum Heil.
Beten ist besser als Schlafen.
Allah ist größer als alles und mit nichts vergleichbar.
Es gibt keine Gottheit außer Allah. "

Ich stand auf und kniete mich vors Bett. Dann erst fiel es mir auf – ich war ja kein Muslim mehr, schon über zwanzig Jahre lang. Ich musste nicht mehr zum Allah der Muslime beten. Aber der Instinkt war noch immer lebendig. Meine gesamte Kindheit hindurch und noch als junger Erwachsener hatte ich dieses Ritual praktiziert. Der Islam durchtränkt jede Faser der Identität eines Arabers und der Grundton bleibt erkennbar, auch wenn jemand schon jahrzehntelang Christ ist.

Vor einigen Jahren sah unsere Familie sich gezwungen, in die USA zurückzukehren, um uns um Belindas gebrechliche Eltern zu kümmern. Für uns alle war dieser Umzug ein erneuter Kulturschock.

Aber nun, einige Jahre später, sind die Kinder erwachsen und Belindas Eltern sind am Ziel ihrer Reise angekommen. Unsere Arbeit, die damals in Kairo begann, hat inzwischen weltweite Ausmaße. Momentan leben Belinda und ich jeweils ein halbes Jahr in Michigan und ein halbes Jahr in Spanien. Natürlich nicht nur dort, aber von einem dieser Orte starten wir jeweils unsere Reisen.

Ich spreche auf Konferenzen für Muslime und arbeite weiter mit Missionaren in muslimischen Ländern. Ich suche Kontakte zu den Medien, um Menschen auf Arabisch zu erreichen. Ich stehe in Verbindung mit Menschen auf der ganzen Welt, die vom Islam zum Christentum konvertiert sind und nun für Christus arbeiten. Man zieht mich zurate, wenn es um Dogmatik geht, um Fragen des Gemeindelebens, um Familienleben oder Berufliches. Ich mache das Fundraising für verschiedene Organisationen und besondere Notsituationen. Ich bin dankbar, dass inzwischen eine jüngere Generation die Aufgaben übernimmt, die ich früher wahrgenommen habe.

So wurde bei einer Konferenz in den Niederlanden ein junger Flüchtling Christ. Er sah jünger aus, als er tatsächlich war, und hatte angegeben, er sei minderjährig, damit er in den Niederlanden bleiben konnte. Wir unterwiesen ihn im Glauben und nach kurzer Zeit wurde ihm klar, dass er als Christ ehrliche Angaben machen müsse. Also ging er zu den Behörden und gab sein wahres Alter an. Er wurde in sein Herkunftsland abgeschoben.

Kurz nach seiner Ankunft dort wurde er verhaftet – unter anderem wegen seines neuen Glaubens. Er verbrachte sechs Monate unter elenden Bedingungen in Haft. Aber er gab Christus nicht auf und Christus ihn ebenfalls nicht. Im Gegenteil, sein Glaube vertiefte sich ungemein. Später fand dieser junge Mann einen legalen Weg, in die Niederlande zurückzugehen. Heute ist er einer der führenden Leute in den arabischsprachigen Gemeinden dort.

Eine junge Christin aus dem Irak floh mit ihrem Kind nach Europa und ließ ihren Mann zurück. Ihr Weg führte über Griechenland in die Niederlande. Unterwegs sprach sie überall von ihrem Glauben. In den Niederlanden gründete sie zwei arabischsprachige Gemeinden. Und sie wirkt weiterhin sehr segensreich. Sie kann es einfach nicht lassen, von Christus zu reden.

Schließlich konnte ihr Mann ebenfalls in die Niederlande einreisen. Er sollte zu ihrer größten evangelistischen Herausforderung werden. Es dauerte sieben lange Jahre, bis er zu Christus fand. Heute sind beide wichtige Führungsfiguren in den arabischsprachigen Gemeinden in Europa.

Meine Hauptaufgabe heute ist es, die jüngeren Christen zu ermutigen und zu unterstützen und weiterhin unter den Tausenden arabischer Flüchtlinge zu evangelisieren, die mittlerweile in Europa leben. In meinen Augen ist der Zustrom von Arabern nach Europa eine historische Chance für den christlichen Glauben. Nie zuvor waren so viele Muslime auf Christus ansprechbar. Während es die Regierenden in ihren Herkunftsländern fast unmöglich machen, dort offen als Christ zu leben, ist das in ihrem neuen Leben in Europa sehr gut möglich. Die weitgehend säkularisierten Staaten Europas sind zwar nicht daran interessiert zu evangelisieren, aber sie garantieren Religionsfreiheit.

Wir besuchen arabischsprachige Flüchtlingscamps oder Wohnviertel, in denen viele Araber leben. Wenn irgendeine übergeordnete Stelle unseren Besuch ablehnt, fügen wir uns. Aber sehr oft gibt es unter den Flüchtlingen selbst jemanden, der uns einlädt. Gastfreundschaft ist unter Arabern ein hoher Wert. Und die Flüchtlinge sind oft froh, wenn sie auf Arabisch mit jemandem sprechen können, dem ihre Situation nicht gleichgültig ist.

Viele sind sehr offen für die Botschaft von Christus. Sie verstehen, dass er ihre einzige Hoffnung ist. Denn für die meisten Flüchtlinge ist der Islam der Grund, warum sie ihre Heimat verlassen haben. Sie fliehen vor den eigenen Glaubensbrüdern. Viele haben dem Tod ins Auge geblickt. Sie haben Angehörige und Nachbarn verloren, die dem „Islamischen Staat" nicht angehören wollten. Sie haben die Videos von Enthauptungen gesehen, die auf YouTube eingestellt sind. Sie haben gehört, wie sich radikale Islamisten mit ihren Grausamkeiten gegenüber anderen Muslimen großtun. Sie haben die Aufrufe gehört, mit blutigen Attentaten den Terror ins Herz Europas zu bomben.

Das alles hat dazu geführt, dass viele anständige, normale Muslime empört oder verzweifelt sind über ihren eigenen Glauben. In den USA schämen Christen sich für Priester oder Pastoren, die in sexuelle Skandale verstrickt sind. Aber das ist gar nichts gegen das, was viele Muslime empfinden, wenn sie sehen, wie ihre Glaubensbrüder tagtäglich morden, vergewaltigen und zerstören und das auch noch als Heldentaten preisen.

Neben unserer evangelistischen Arbeit unter Muslimen in Europa bieten wir auch Unterstützung für diejenigen an, die sich taufen lassen. Wir haben ein kleines Zentrum in Spanien, in das wir muslimische Konvertiten aus Nordafrika, dem Nahen Osten und Europa zu Retraiten und Schulungen zu unterschiedlichen Themen einladen, vom christlichen Familienleben bis zur Realität der Verfolgung. Außerdem gibt es Basiskurse zur Bibel und zu den Inhalten des christlichen Glaubens. Einige dieser Kurse gebe ich selbst, aber die meisten werden von anderen ehemaligen Muslimen gehalten.

Ich freue mich nicht darüber, dass so viele Muslime ihre Heimatländer verlassen mussten; aber ich freue mich darüber, welche Chancen für das Evangelium damit verbunden sind. Wie in der frühen Kirche bewirkt die Verfolgung, dass Christen in die ganze Welt verstreut werden und dort zu Evangelisten werden.

Nachwort

Viele Muslime kommen heute zu Jesus. Und was sich gegenwärtig in der arabischen Welt abspielt, wird meiner Ansicht nach zu einem weiteren Wachstum des christlichen Glaubens führen. Nach dem arabischen Frühling hat sich die Sicht auf das Christentum in Ägypten und in der ganzen arabischen Welt drastisch verändert. Auf der einen Seite zeigt der Islam in immer mehr Ländern gerade sein hässlichstes Gesicht. Auf der anderen Seite leuchtet die Liebe von Jesus auf und zieht Menschen zu ihm.

In Europa werden Zehntausende Muslime Christen und noch einmal Zehntausende in den arabischen Ländern. Als ein Beispiel dafür, wie sehr die Dinge sich verändert haben, nenne ich nur eine Gelegenheit aus der jüngsten Zeit, bei der ich Missionare ausbilden durfte. Ich, ein Christ aus Ägypten, schulte in Europa Christen aus Südkorea für einen Einsatz in der arabischen Welt. Die Zeiten, in denen britische Adlige mit der Bibel in der Hand und dem Tropenhelm auf dem Kopf nach Afrika ausschwärmten, sind ganz offensichtlich vorbei. Der Globus wird kleiner und Nationalitäten vermischen sich. Ein Einsatz in der Rettungsmission Gottes kann heute viele Formen haben, von medizinischen Diensten über Mediennutzung, Unterricht, Entwicklungshilfe und vielen anderen Arten von „Zeltmacherei". Wo Gott bereits am Werk ist, kann das alles effektiv sein.

Ich habe schon erwähnt, dass Gott manchmal recht dramatische Wege hat, Muslime zu erreichen, die so dogmatisch an ihrem Glauben festhalten. Er gebraucht Heilungen, Träume und andere Wunder und bestätigt seine Wahrheit durch seine Liebe und Macht. Ich nenne es Gottes „Doppelstrategie": Wenn jemand sich nicht durch die Vernunft überzeugen lässt, kippt er ihm ein paar wunderbare Überraschungen übers Haupt. Der Heilige Geist ist eine mächtige Waffe im Kampf der Religionen, und zwar eine, die der Islam nicht hat.

Ein weiterer Grund, warum ich glaube, dass das Christentum

in der islamischen Welt weiter wachsen wird, ist die Tatsache, dass es heute so leicht ist, rund um den Globus miteinander zu kommunizieren. Jeden Tag bin ich im Kontakt mit Unterstützern unserer Arbeit in den USA, neu bekehrten Christen in Libyen, unserem Trainingszentrum in Europa und Gemeindeleitern in Indonesien. Das Internet ist weltweit zugänglich, wenn auch noch nicht direkt für die ärmeren Bevölkerungsschichten. Der E-Mail-Verkehr übertrifft die Briefpost um das Millionenfache. Nordamerikanische Teenager verschicken monatlich Tausende von Nachrichten und die Jugend in den Ländern des Südens liegt nicht weit dahinter. Vor hundert Jahren musste das Evangelium noch von Mensch zu Mensch verkündet werden; heute gibt es so viele andere Wege. Man muss heute schon in einem recht undurchdringlichen Kokon leben, um nicht irgendwann in seinem Leben einmal etwas von Christus zu hören.

Was mich betrifft, so habe ich es nie bereut, Christ geworden zu sein. Die Leute fragen mich das oft. Schließlich musste ich aus meinem Heimatland fliehen und eine Gesellschaft, Familie und Sprache zurücklassen, die ich kannte und liebte. Außerdem gab ich auch ein gewisses Maß an Wohlstand auf. Wenn ich heute in den Nahen Osten reise, riskiere ich noch immer mein Leben. Wenn ich unter meinem ägyptischen Namen mein Elternhaus in Kairo besuchen würde, würde man mich wahrscheinlich verhaften, vielleicht sogar töten.

Aber ich bereue es nicht. Nicht ein einziges Mal in all den Jahren, in denen ich Jesus folge, habe ich gedacht, dass es ein Fehler war. Jesus mit seiner Liebe hat mich gefunden; ich werde ihn nicht verlassen. Ich sah diese Liebe zuerst unter den Studenten in Kairo. Dann sah ich sie in Gemeinden in den USA und in Europa. Im Grunde habe ich sie auf sechs Kontinenten erlebt, die ich besucht oder wo ich gelebt habe. Und alles beginnt bei dem, der uns diese Liebe gezeigt hat: „Niemand liebt seine Freunde mehr als der, der sein Leben für sie hergibt", sagt Jesus (Johannes 15,13). Ich habe diese Liebe in meinen mehr als dreißig Jahren als Christ erfahren und seit dem ersten Tag in Kairo nie hinterfragt, ob ich diesem Jesus folgen soll. Auf der anderen

Seite habe ich gesehen, welch politischen Zorn, religiöse Unsicherheit und destruktiven Sexismus der Islam produziert – und sehe es noch immer. Islamisten sind bereit, für ihre Religion zu sterben; der Begründer des christlichen Glaubens starb für uns. Der Unterschied liegt auf der Hand: Islam bedeutet Unterordnung unter einen unpersönlichen Gesetzgeber, der diejenigen belohnt, die im Kampf für ihn sterben. Das Christentum ehrt die, die dem persönlichen und lebendigen Gott der Liebe folgen. Im christlichen Glauben kommt der Himmel zu uns. Im Islam müssen wir uns den Himmel mit guten Taten oder durch das Martyrium verdienen.

Der neutestamentliche Hebräerbrief tut ein Übriges, um mich zu überzeugen, dass ich der Wahrheit folge. Er beginnt mit der Feststellung, dass Gott sich auf vielfältige Weise offenbart hat. Aber dann zeigt er auf, warum die Selbstoffenbarung Gottes in Jesus Christus die entscheidende unter all diesen Gottesoffenbarungen war: „Viele Male und auf verschiedenste Weise sprach Gott in der Vergangenheit durch die Propheten zu unseren Vorfahren. Jetzt aber, am Ende der Zeit, hat er durch seinen eigenen Sohn zu uns gesprochen. Der Sohn ist der von Gott bestimmte Erbe aller Dinge. Durch ihn hat Gott die ganze Welt erschaffen. Er ist das vollkommene Abbild von Gottes Herrlichkeit, der unverfälschte Ausdruck seines Wesens. Durch die Kraft seines Wortes trägt er das ganze Universum. Und nachdem er das Opfer gebracht hat, das von den Sünden reinigt, hat er den Ehrenplatz im Himmel eingenommen, den Platz an der rechten Seite Gottes, der höchsten Majestät" (Hebräer 1,1-3).

Die Propheten, die Gott gesandt hat, kannten Gott und verkündeten seinem Volk, was sie erkannt hatten. Aber Jesus war nicht nur ein Bote Gottes, er war Gott selbst. Jesus hat denen, die ihm zuhörten, nicht nur gesagt, wie Gott ist und was er von uns verlangt; er hat ihnen Gott gezeigt.

Das Original zu sehen, macht einen großen Unterschied. Vergleichen Sie nur einmal eine Beschreibung eines Gemäldes von Michelangelo in der Sixtinischen Kapelle mit dem Gemälde selbst. Selbst wenn die Beschreibung sehr gut war, könnte sie doch mit dem Gemälde selbst nicht mithalten. Oder vergleichen Sie meine Beschreibung meiner Frau mit ihr selbst. Ich könnte sie ausführlich und auch zutreffend beschreiben, aber was Sie dann über sie wüssten, wäre nicht zu vergleichen mit einer Begegnung mit ihr. Dasselbe gilt unendlich viel mehr im Blick auf die Offenbarung Gottes in Jesus Christus. Gott ist größer als jede Beschreibung, selbst wenn sie von inspirierten Propheten kommt. Jesus ist der Gott, der tatsächlich zu uns gekommen ist und „wir sahen seine Herrlichkeit, eine Herrlichkeit voller Gnade und Wahrheit, wie nur er als der einzige Sohn sie besitzt, er, der vom Vater kommt" (Johannes 1,14).

Der Hebräerbrief erläutert, inwiefern Jesus mehr war als alle anderen Propheten, und ich glaube, dass das auch den letzten Propheten einschließt – Mohammed. Jesus ist größer als Mose, denn er war nicht nur Gottes Prophet, sondern auch Priester und König. Jesus ist größer als jeder Hohepriester in Israel, denn er musste nicht erst für seine eigene Sünde Verzeihung erlangen, bevor er die Opfer für das Volk darbrachte. Jesus ist größer als Josua, denn er führt sein Volk an den wirklichen Ort der Ruhe. Und Jesus ist auch größer als Abraham, selbst wenn dieser der Stammvater der Juden, Christen und Muslime ist. Der Verfasser des Hebräerbriefes zeigt das, indem er auf Melchisedek hinweist, den „König von Salem und Priester des höchsten Gottes" (Hebräer 7,1). Abraham, der Vater Israels und damit der Juden, der Vater Ismaels und damit der Muslime, und der Vater der Christenheit zahlte den Zehnten an Melchisedek. Von Melchisedek wird gesagt, dass er „ohne Vater, ohne Mutter und ohne Stammbaum ist, ohne Anfang seiner Tage und ohne Ende seines Lebens, ein Abbild des Sohnes Gottes" (Hebräer 7,3). Jesus war dieser Sohn Gottes, dem alle Kinder Abrahams sich hingeben müssen. Das Leben, das Jesus gelebt hat, ist das Leben, das er uns gibt. In seinem Leben finden wir den Gehorsam und die Vergebung, die uns mit Gott versöhnt.

Muslime glauben, dass Jesus einer der Propheten Allahs war wie vor ihm Noah, Mose und David, die die Menschen vor dem Gericht Gottes warnten. Aber der letzte und wahre Prophet ist

Mohammed, der die Kinder Abrahams wieder zum wahren Monotheismus zurückführte.[76] Aber Mohammed war nicht Gott selbst; wie alle anderen Propheten hat er nur Gottes Stimme gehört und ist gestorben wie jeder andere Mensch.

Nach meinem Urteil lassen Jesus und Mohammed sich überhaupt nicht vergleichen. Christus ist mehr als alle Priester und Propheten, Mohammed eingeschlossen. Mohammed nennt Allah „den Allerbarmer und Allbarmherzigen". Aber seine Visionen wie seine religiöse Praxis zeigen einen Gott, der ein unpersönlicher Herrscher und ein rachsüchtiger König ist. Mohammed selbst verlangte absoluten Gehorsam von seinen Nachfolgern und tötete viele, die sich seiner Herrschaft nicht unterwerfen wollten. Jesus dagegen sagt: „Liebt eure Feinde, und betet für die, die euch verfolgen. Damit erweist ihr euch als Söhne eures Vaters im Himmel" (Matthäus 5,44-45). Christus war Gott, seinem Vater, gehorsam und ließ sich sogar von seinen Feinden töten. Diese Selbsthingabe war das, was Muslime während der Revolutionen in Ägypten auch an Christen sahen. Ein muslimischer Kommentator schrieb: „Die Muslimbruderschaft mag Waffen und Bomben haben; aber seht euch die Christen an: Sie haben zwei Tage gebetet und der Präsident wurde gestürzt."

Mohammed wird auch der Mahner genannt, der seine Anhänger vor dem kommenden Gericht warnt und sie zum Gehorsam gegen Allah aufruft. Obwohl Allah der „Allerbarmer und Allbarmherzige" genannt wird, können Muslime nicht sicher sein, dass die Barmherzigkeit Allahs auch ihnen gilt oder dass sie im Paradies auf sein Erbarmen rechnen können. Es gibt im Islam keine Heilsgewissheit, außer man stirbt als Märtyrer des Glaubens. Am Ende der Zeit wird Allah die Bücher der beiden Engel abwägen, die auf die Waagschalen des Lebens eines Menschen gelegt werden. Wenn das Verzeichnis der Sünden schwerer wiegt als das der guten Taten, gibt es nur die Bestrafung. Vergebung und Versöhnung sind nie gewiss.

Wie schon mehrmals gesagt: In den letzten vierzig Jahren sind mehr Muslime zum Glauben an Jesus gekommen als in vierzehn Jahrhunderten zuvor. Die meisten werden aus demselben Grund

Christen wie ich auch: Sie sehen und erleben die Liebe von Jesus an den Christen. Meine Aufgabe ist es, diese Neubekehrten zu unterstützen. Ich tue das, indem ich die jungen Christen im Glauben unterrichte und verfolgte Glaubensgeschwister in der arabischen Welt besuche, indem ich schreibe und Geld für solche Glaubensgeschwister auftreibe, die ihre Familie und soziales Umfeld verloren haben.

Ich bin gewiss: Wenn meine Tage auf Erden zu Ende gehen, werde ich nicht vor einem Gott stehen, der nur meine guten gegen meine schlechten Taten aufwiegt. Wenn es so wäre, würde ich in derselben Ungewissheit leben wie die meisten Muslime. Ich weiß: Nicht das, was wir für Gott tun, zählt, sondern das, was Gott in Christus für uns getan hat. Wein, Milch und Honig und die Jungfrauen des islamischen Paradieses interessieren mich nicht. Ich bin aber gewiss, dass ich in einer ewigen Beziehung zu meinem himmlischen Vater leben werde, der mich liebt und seine Liebe zu mir bewiesen hat, indem er seinen Sohn sandte. Ich bin ebenfalls gewiss: Wenn ich einmal Gott von Angesicht zu Angesicht sehe, wird das inmitten von Menschen aus allen Sprachen und Nationen geschehen. Und viele davon werden Araber sein, die ihre Knie vor Christus gebeugt und ihn als Herrn bekannt haben. Was für eine Freude wird es sein, sie dort zu sehen – und zu wissen, dass ich es sein durfte, der einige von ihnen zu Christus geführt hat.

Nachwort von Kent A. Van Til

Nun kennen Sie Abus (Stephens) Geschichte.

Ich vermute, Sie haben – wie ich – einige Überraschungen erlebt. Vielleicht waren Sie besonders erstaunt zu lesen, dass unsere Zeit die Zeit einer großen Ernte unter Muslimen ist.

Gegen Ende unserer Zusammenarbeit habe ich Stephen gefragt: „Was sollen Leser in Europa vor allem aus deiner Geschichte mitnehmen?"

Er gab mir folgende Antworten:

1. Werft nicht alle Muslime in einen Topf, vor allem dann nicht, wenn dieser Topf mit Hass und Gewalt gefüllt ist. Die große Mehrheit der Muslime unterstützt keineswegs die Terroristen, die im Namen des Islam handeln. Unter Muslimen gibt es eine große Vielfalt – wie unter Christen auch.

2. Seid euch bewusst, welche Schwierigkeiten Christen mit muslimischem Hintergrund zu bestehen haben. Betet für sie. Ihr Leben im Nahen Osten war nie einfach und auch ihr neues Leben in Europa stellt sie vor viele Herausforderungen.

3. Engagiert euch aktiv für die weltweite Einhaltung der Menschenrechte. Es ist nicht richtig, dass Menschen, wenn sie Christen werden, Job, Familie oder die Staatsangehörigkeit verlieren, weil sie sich vom Islam abgewandt haben, oder dass Frauen nur halb so viel erben wie Männer und so weiter.

4. Unterstützt humanitäre Hilfe für arabische Flüchtlinge. In Europa hat es seit dem Zweiten Weltkrieg nicht mehr so viele Flüchtlinge gegeben. Dass sie jetzt in großer Anzahl kommen, ist eine große Herausforderung, aber auch eine große Chance.

5. Macht euch klar, dass Verfolgung zum christlichen Glauben gehört. Dass wir sie im Westen schon lange nicht mehr erlebt haben, ist die Ausnahme, nicht die Regel.

Ich habe Stephen auch gefragt, was Europäer und Amerikaner im Nahen Osten tun können, wenn sie überhaupt etwas tun können. Hier ist seine Antwort:

1. Es gibt viele schwer zugängliche Länder, in denen das Evangelium noch kaum bekannt ist, etwa die Golfstaaten. Die wenigen Christen dort leben meist im Verborgenen. Deshalb ist es immer noch notwendig, Menschen überhaupt von Christus zu erzählen. Der einzige Weg für Europäer, dort einzureisen, ist als Undercover-Missionar – mit einem säkularen Job und evangelistischen Aktivitäten in der Freizeit. So arbeiten bereits seit Jahrzehnten philippinische Frauen als Haushaltshilfen in den Golfstaaten. In dieser Position haben sie häufig die Möglichkeit, den Familien, für die sie arbeiten, das Evangelium zu sagen. Aber auch andere Berufe werden in diesen Ländern gebraucht: Ärzte, Ingenieure, Manager, Professoren. Christen können in diesen Berufen dort zu Evangelisten an vorderster Front werden.

2. In den meisten der überwiegend muslimischen Länder der Welt gibt es zumindest einige wenige christliche Gemeinden. Aber sie sind meist klein und müssen um ihr Überleben kämpfen. Christen aus Europa haben in der Regel langjährige Erfahrungen mit Gemeindeleben, aber auch damit, ihr Leben als Ehepartner, Geschäftsleute, Eltern, kirchliche Mitarbeiter und so weiter aus dem Glauben heraus zu gestalten. Für die kleinen Gemeinden in muslimischen Ländern ist es wichtig, diese Erfahrungen mit ihnen und den Neubekehrten zu teilen und vorzuleben, dass der christliche Glaube nicht in einer einmaligen Entscheidung besteht, sondern im lebenslangen Prozess, das ganze Leben in all seinen Aspekten mehr und mehr vom Geist Jesu bestimmen zu lassen.

» Vergesst nicht: Auch Christen mit dieser Mission brauchen in vielen muslimischen Ländern einen weltlichen Beruf, um einreisen zu können.

» Vergesst nicht: Diese Arbeit setzt voraus, dass jemand nahezu perfekt Arabisch (oder die jeweilige Landessprache) spricht.

» Vergesst nicht, dass Europäer nicht alle Antworten für die Menschen im Orient haben. Was sie haben, sind mehr Erfahrung und mehr Ressourcen. Wir leben seit Generationen in christlichen Familien, Firmen und Gemeinden und haben vielleicht hilfreiche Modelle für diejenigen anzubieten, die neu zum Glauben kommen.

3. Unter den Muslimen, die zum Glauben kommen, sind auch viele gebildete Leute. Sie werden sich nicht mit Kindergottesdienst-Antworten auf schwierige Fragen und Lebenserfahrungen zufriedengeben. Es wird Europäer brauchen, die mit diesen Menschen auf ihrem eigenen intellektuellen Niveau und möglichst in ihrer eigenen Sprache arbeiten können.

4. Betet. Beten kann jeder, dazu braucht man keine Sprachkenntnisse und keine besonderen finanziellen Mittel. Beten ist das Wichtigste. „Denn unser Kampf richtet sich nicht gegen Wesen von Fleisch und Blut, sondern gegen die Mächte und Gewalten der Finsternis, die über die Erde herrschen, gegen das Heer der Geister in der unsichtbaren Welt, die hinter allem Bösen stehen" (Epheser 6,12). Ganz sicher findet in den arabischen Ländern ein geistlicher Kampf statt. Und der wird auf der politischen und physischen Ebene ausgetragen. So ist beispielsweise Mesopotamien, der heutige Irak, schon seit Jahrtausenden von Gewalt geprägt. Es ist schwer, nicht zu glauben, dass in dieser Region ein Geist der Gewalt herrscht. Betet dafür, dass er überwunden und durch den Geist Gottes und seines Friedens ersetzt wird.

Anmerkungen

1   Die syrischen Alawiten sind ein zeitgenössisches Beispiel dafür.

2   Anas Ibn Malik berichtete – hier sinngemäß wiedergegeben: Der
    Gesandte Allahs sagte: „Das Gebet eines Mannes in seinem Haus
    gilt als einfache Gebetserfüllung, sein Gebet in einer Stammesmo-
    schee gilt als fünfundzwanzigfache Gebetserfüllung; sein Gebet in
    einer Freitagsmoschee gilt als fünzigtausendfache Gebetserfüllung,
    sein Gebet in meiner Moschee (in Medina) gilt ebenso viel und
    sein Gebet in der Heiligen Moschee (Haram-Moschee in Mekka)
    gilt so viel wie hunderttausend Gebete." Ibn Maja hat diesen Be-
    richt überliefert (Baghawi, Mishkat al-Masabih 4.8.3).

3   Eine Sure ist ein Abschnitt oder Kapitel des Korans, der insgesamt
    114 Suren umfasst. Alle Zitate nach www.koran-auf-deutsch.de

4   Man sagt dann: „Es ist, als habe deine Mutter dich gerade erst ge-
    boren."

5   Koran, Sure 37:99-109. Im Koran wird allerdings der Name des
    Sohnes nicht genannt.

6   Der Grund dafür liegt vermutlich in den hohen Temperaturen im
    Nahen Osten, wo ein Leichnam nach vierundzwanzig Stunden
    bereits verwesen würde.

7   Gute Taten liegen auf der rechten Schulter.

8   CMD – Craniomandibuläre Dysfunktion, verursacht Probleme
    u. a. in den Kiefergelenken.

9   Die Kopten bilden die alte orthodoxe Kirche Ägyptens mit Wur-
    zeln bis ins 1. Jahrhundert.

10 Die Scharia ist vom Koran und den Hadithen (mündlichen Aus-
    sprüchen von und über den Propheten Mohammed) abgeleitet. Es
    ist ein Gesetzeswerk, das innerhalb von Jahrhunderten entwickelt
    wurde. Sein Verständnis ist von Land zu Land etwas unterschied-
    lich. In Ägypten folgen die meisten Menschen, auch ich, der Ha-
    nafi-Schule.

11 Die Hanbali-Schule glaubt, dass kein Ungläubiger (also Nichtmuslim) über einen Muslim bestimmen darf. In muslimisch dominierten Staaten wird daher gefordert, wenn ein Christ eine hohe Position in Regierung, Wirtschaft erreicht hat, er von dieser Position entfernt werden muss.

12 In englischen Übersetzungen des Korans kann man die Tendenz beobachten, die Übersetzung des Arabischen an biblische Vorstellungen anzugleichen, und die Bibel spricht davon, dass Gott die Liebe ist.

13 Das arabische *Baba* entspricht dem aramäischen *Abba*.

14 „Jeder (Mensch) wird im Zustand der Fitra geboren (d. h. nach der Art und Weise des Erschaffens durch Gott). Alsdann machen seine Eltern aus ihm einen Juden, Christen oder Zoroastrier" (Wikipedia, Fitra; andere Übersetzungsmöglichkeit: „Jedes Kind wird mit der Fitra geboren, und seine Eltern machen dann aus ihm entweder einen Juden, einen Christen oder einen Sabäer." http:// islamische-datenbank.de/sahih-al-buchari?action=search&query=Fitra&trans=_de). Hadiths of Bukhari, vol. 6, bk. 60, no. 298, narrated by Abu Huraira.

15 Die Blutschuld (Diyya) (80)/6878, hier sinngemäß wiedergegeben: „Abdullah berichtete, dass der Gesandte Allahs, Allahs Segen und Heil auf ihm, sagte: ‚Das Blut eines Muslims, der bezeugt hat, dass kein Gott da ist außer Allah' (=la ilaha illa-llah), darf nicht vergossen werden, außer in einem der drei Fälle: im Fall der Wiedervergeltung für Mord, im Fall der Unzucht durch einen Verheirateten, und wenn derjenige von seinem Glauben abfällt und seine Bindung zur Gemeinschaft (der Muslime) löst" (http:// islamische-datenbank.de/sahih-al-buchari?action=search&query=Blut&trans=_de&min=30&show=10).

16 Die derzeit wohl konservativsten islamischen Länder sind Saudi-Arabien, der Nordsudan und Pakistan.

17 „Wahrlich, Allah wird es nicht vergeben, dass Ihm Götter zur Seite gestellt werden; doch vergibt Er das, was geringer ist als dies, wem Er will. Und wer Allah Götter zur Seite stellt, der hat wahrhaftig eine gewaltige Sünde ersonnen" (Koran, Sure 4:48; sinngemäße Wiedergabe).

18 Es gibt christliche Missionswissenschaftler aus islamisch geprägten Gesellschaften, die die Meinung vertreten, dass unter solchen Umständen die Taufe freigestellt sein sollte. Ich bin anderer Meinung. Jesus selbst hat die Taufe im Namen des dreieinigen Gottes angeordnet. Und bei der Taufe geht es ja nicht nur um eine sprachliche Formel. Die Taufe ist das wirksame Sakrament der Aufnahme in den Leib Christi.

19 „Wenn ein Moslem abfällt, wird ihm eine Belehrung zuteil. Wenn sein Abfall von irgendeinem religiösen Zweifel oder Bedenken herrührt, mögen diese weggenommen werden. Der Grund dafür, dass ihm eine Belehrung zuteil wird, liegt darin, dass möglichweise einige Zweifel oder Irrtümer in seinen Gedanken entstanden sind, die durch so eine Belehrung weggenommen werden. Da es zwei Formen gibt, die Sünde des Abfalls abzuweisen, nämlich Zerstörung oder Islam, und da Islam besser ist als Zerstörung, soll das Böse eher durch Belehrung weggenommen werden. Aber diese Belehrung ist nicht erforderlich (gemäß dem, was die Gelehrten schon über seinem Kopf ausgesprochen haben), da ein Ruf zum Glauben den Abtrünnigen schon erreicht hat." – „Ein Abtrünniger wird drei Tage gefangen gehalten. Wenn er in diesen drei Tagen zum Islam zurückkehrt, ist es gut. Wenn nicht, muss er gefällt werden." Burhan al-Din Ali, The Hedaya, trans. Charles Hamilton (London, 1791), 2:225, zitiert bei Samuel Zwemer, The Law of Apostasy in Islam (London: Marshall Brothers, 1924; sinngemäß wiedergegeben), 40.
    Die Hedaya ist ein Standard-Gesetzbuch der Hanafi-Schule des Gesetzes und bildet einen Teil der Scharia. Zwemer führt im Folgenden zahlreiche weitere Belege an, die die Todesstrafe für Abtrünnige bestätigen wie auch die Möglichkeit, dem Abtrünnigen drei Tage zur Umkehr zu geben.

20 The Prophet said, „Whoever keeps a [pet] dog which is neither a watch dog nor a hunting dog, will get a daily deduction of two Qirat from his good deeds."
    Abu Huraira, Allahs Wohlgefallen auf ihm, berichtete, dass der Gesandte Allahs, Allahs Segen und Heil auf ihm, sagte: „Wer einen Hund hält, dem werden sich täglich seine (guten) Taten um einen Teil verringern; ausgenommen davon ist der Hund, der zum Zwecke der Jagd und der Schafshütung gehalten wird." Hadiths of Bukhari, vol. 7, bk. 67, no. 389, berichtet von Ibn ʿUmar. Es

gibt viele andere negative Stellen über Hunde in den Hadithen. Hadithe Al-Buchari (36)2322 (http://islamische-datenbank.de/sahih-al-buchari?action=anzeigen&hadithno=2322).

21   Der Name dieses Gegners war Muawiyah, der erste Umayyade. Er wird bis heute von den Schiiten verachtet. Kerbela ist für die Schiiten noch immer eine heilige Stadt.

22   Schiitische Minderheiten gibt es auch in anderen Ländern, etwa in Syrien und dem Libanon. Unter allen Muslimen weltweit sind etwa 85 Prozent Sunniten und 15 Prozent Schiiten.

23   Für die Sunniten endet *Idschtihad*, die Neuinterpretation, im fünfzehnten Jahrhundert.

24   „Salaam" ist im Arabischen der Begriff für Frieden; aber „Islam" leitet sich nicht von „salaam" ab, sondern von „yuslem" – „sich unterwerfen".

25   Sure 15:9 sagt: „In Wahrheit haben wir den Dhikr [Koran] herabgesandt und sicher werden wir ihn vor Fälschung bewahren."

26   Von diesen Debatten gibt es Aufnahmen, die unter dem Namen Jay Smith auf YouTube zu finden sind.

27   Siehe Oddbjørn Leirvik, *Images of Jesus in Islam* (London: Continuum, 2010) und Mathias Zahniser, *The Mission and Death of Jesus in Islam and Christianity* (Maryknoll NY: Orbis, 2008). Siehe deutsche Veröffentlichungen von Christine Schirrmacher, Eberhard Troeger u. a.

28   Recep Tayyip Erdoğan, zitiert in: "Turkey's Charismatic Pro-Islamic Leader," BBC News, 4. November 2002, tp://news.bbc.co.uk/2/hi/europe/2270642.stm.
Auf Deutsch nachweisbar auf http://www.focus.de/politik/videos/demokratie-ist-nur-der-zug-auf-den-wir-aufsteigen-ein-zitat-erdogans-von-1998-ist-heute-aktueller-denn-je_id_5742865.html

29   „Swiss Voters Back Ban on Minarets", BBC News, November 29, 2009, http://news.bbc.co.uk/2/hi/8385069.stm. Deutsch siehe http://www.spiegel.de/politik/ausland/initiative-schweizer-stimmen-gegen-minarett-bau-a-664104.html

30 Uthman, der dritte der vier „rechtgeleiteten Kalifen", hat alle Varianten des Korans, die er vorfand, bis auf eine vernichtet. Die einzige erhaltene Version wurde dann zum Standardtext, auf den alle späteren Kopien zurückgehen.

31 Das gilt zum Beispiel für die Erlaubnis, die Frau seines Adoptivsohnes zu heiraten, die Allah dem Propheten ausdrücklich gegeben hatte (Sure 33:37-41).

32 Bilder von allem, was eine Seele hat, sind nicht erlaubt. Zum Beispiel heißt es: Wir waren mit Masruq im Haus von Yasar bin Numair. Masruq sah Bilder auf seiner Terrasse und sagte: „Ich hörte Abdullah sagen, dass er den Propheten sagen hörte: ‚Die Menschen, die die härteste Strafe von Allah erhalten werden, werden die Bildermacher sein.'" Hadiths of Bukhari, vol. 7, bk. 72, no. 834, von Muslimen berichtet; hier sinngemäß wiedergegeben.

33 Vgl. Mark Durie, *The Third Choice: Islam, Dhimmitude and Freedom* (Ohne Ort: Deror Books, 2010).

34 Die ersten vier rechtgeleiteten Kalifen waren: Abu Bakr, Umar (Omar), Uthman und Ali. Alle waren Zeitgenossen Mohammeds und strikte Befolger seiner Lehren.

35 David Cameron, zitiert in „State Multiculturalism Has Failed, Says David Cameron", BBC News, 5. Februar 2011, www.bbc.com/news/uk-politics-12371994

36 Vgl. Ayaan Hirsi Ali, *Mein Leben, meine Freiheit* (München: Piper, 2006).

37 Die meisten Araber unterscheiden nicht zwischen den Israelis von heute und den Juden der Geschichte.

38 Auf Alexander folgten die Ptolemäer, deren letzte Herrscherin Kleopatra war.

39 „Jewish Diaspora", Wikipedia, aufgerufen am 22. Dezember 2016, https://en.wikipedia.org/wiki/Jewish_diaspora

40 Betty Jane Bailey und J. Martin Bailey, *Who Are the Christians of the Middle East?* (Grand Rapids: Eerdmans, 2010).

41 Gary Burge, *Jesus and the Land* (Grand Rapids: Baker 2010), 113.

42 1948 gilt bei den Palästinensern als das Jahr der Nakba oder der „Katastrophe".

43 Sure 17:1; Sahih Muslim (Hadith-Sammlung), Buch 1, Nr. 3909.

44 Siehe z. B. Walter Brueggemann, *The Land* (Minneapolis: Augsburg, 2002).

45 So weist Jesus die Versuchung des Teufels zurück, der ihm die Macht über alle Königreiche der Erde anbietet (Matthäus 4,8-10); später weist er die Bitte der Mutter von Jakobus und Johannes ab, ihre Söhne mögen im Reich Gottes zu seiner Rechten und seiner Linken sitzen (Matthäus 20,20-28).

46 Die Hamas ist die islamistische Partei, die im Gazastreifen die Macht hat.

47 „Bel el malayeen, bel el malayeen, hanmout men ajl Falessteen."

48 Bailey und Bailey, *Who Are the Christians?*, 57.

49 Afif Safieh, zitiert in Bailey und Bailey, 162.

50 „Why Arab Women Still ‚Have No Voice,'" Al Jazeera, 21. April 2012, www.aljazeera.com/programmes/talktojazeera/2012/04/2012 42111373249723.html.

51 Die Polygamie ist in allen islamischen Ländern außer in Tunesien legal, auch wenn sie nicht überall unterstützt wird.

52 „Das Hergehen eines Hundes, eines Esels oder einer Frau vor dem Betenden macht das Gebet hinfällig" (Hadith von Bukhari 8/511).

53 Christine Schirrmacher, *Islam and Society: Sharia Law, Jihad, Women in Islam, Global Issues Series* (so der Originaltitel; Bonn: Verlag für Kultur und Wissenschaft, 2008), 4:90.

54 Siehe Sure 4:34.

55 Hadschi bedeutet, dass der Mann auf Pilgerfahrt nach Mekka unterwegs ist.

56 Bekannt ist ein Fall, in dem ein Mann verurteilt wurde, weil er eine fünfte Frau genommen hatte, ohne sich von einer seiner vier bereits vorhandenen Frauen scheiden zu lassen.

57 Eine Muslima kann nur einen muslimischen Mann heiraten. Heiratet sie etwa einen Christen, ist die Ehe illegal und die Kinder können nicht angemeldet werden. Wenn ein Muslim oder eine Muslima Christ wird, verlieren sie das Sorgerecht für die Kinder, denn muslimische Kinder dürfen nicht von Christen erzogen werden.

58 In Ägypten gelten Kinder vor dem Gesetz als Eigentum des Vaters. Wenn man also keinen Ägypter zum Vater hat, kann man selbst auch kein Ägypter sein, selbst wenn man in Ägypten geboren und aufgewachsen ist.

59 Sahih Muslim, Das Buch des Glaubens (2), 114; http://islamische-datenbank.de/sahih-muslim

60 Sahih Muslim, Das Buch des Glaubens (2), 114; islamische-datenbank.de/sahih-muslim; s. auch Hadith von Bukhari, 29:304, 1052, 1462.

61 So wird Vergewaltigung ein Mittel der religiösen und politischen Machtausübung. Die schrecklichen Auswirkungen haben wir im Krieg zwischen Serben und Bosniern erlebt.

62 Sharif Abdel Kouddous, „What Led to Mursi's Fall – and What Comes Next?", Nation, 5. Juli 2013, www.thenation.com/article/what-led-Mursis-fall-and-what-comes-next

63 Ebenda.

64 Gamal Eid, zitiert in Haitham El-Tabei, „Concerns over Media Freedoms in Morsi Egypt", Your Middle East, 23. Januar 2013, www.yourmiddleeast.com/news/concerns-over-media-freedoms-in-morsis-egypt_12509

65 Mursis Präsidentschaft dauerte vom 30. Juni 2012 bis zum 3. Juli 2013.

66 Wafaa Sultan, http://m.thevoiceofreason.de/ar/9617#.UykBtYLyo oU.facebook (Übersetzung des Verf.).

67 Ebenda.

68 Der Fairness halber muss gesagt sein, dass der christliche Westen zwei Jahrhunderte gebraucht hat, um die Beziehung zwischen Kirche und Staat neu zu regeln. Und bis heute gibt es Probleme im

Blick auf diese Frage. Aber im Großen und Ganzen ist der Prozess erfolgreich gewesen.

69 Unter anderem diese Tatsache hat mich überzeugt, ich sollte dieses Buch schreiben.

70 Natürlich müssen diese Nutzer anonym bleiben. Sie evangelisieren in muslimischen Ländern – und das bedeutet, dass sie ihr Leben riskieren.

71 „Dieser Hadith zeigt auf zweifache Weise, dass Musikinstrumente und Spaßhaben am Musikhören verboten sind. Zum einen sagte der Prophet ‚… für erlaubt erklären …‘, was beweist, dass die aufgeführten Dinge, einschließlich Musikinstrumente, gemäß der Scharia *haram* [verboten] sind, aber diese Leute erklären sie für erlaubt. Zum anderen werden die Musikinstrumente zusammen mit anderen Dingen erwähnt, die unzweifelhaft *haram* sind, wie Zina [Geschlechtsverkehr außerhalb der Ehe] und Alkohol. Wenn sie (d. h. die Musikinstrumente) nicht *haram* wären, warum werden sie dann zusammen mit diesen Dingen erwähnt?" (aus As-Silsilât As-Sahîhah von Al-Albâni, 1/140-141). https://www.maroczone.de/forums/index.php?/topic/3618-das-urteil-%C3%BCber-musikgesang-und-tanz/aufgerufen am 9.10.2017.

72 Hintergrundinformation dazu siehe „Breastfeeding Fatwa Causes Stir", BBC News, 22. Mai 2007, http://news.bbc.co.uk/2/hi/middle_east/6681511.stm; und Sreeja Vn, „Fatwa on Woman Breastfeeding Man Stirs Debate in Islamic World", *International Business Times*, 14. April 2012, www.ibtimes.com/fatwa-woman-breastfeeding-man-stirs-debate-islamic-world-437360

73 „Saudi Clerics Advocate Adult Breast Feeding Adult Men", Care 2, 16. Juni 2010, www.care2.com/causes/saudia-arabia-creates-bizzare-breastfeeding-loophole.html. Einer der Hauptbeteiligten war Scheich al-Obeikan, Berater am saudischen Königshof. Ein anderer, Abi Ishaq Al Humaini, gestattete die Verwendung einer Milchpumpe.

74 Aus diesem Grund kann ich in diesem Buch meinen vollen arabischen Namen nicht preisgeben.

75 „Welches Zeichen Wir auch aufheben oder dem Vergessen anheimgeben, Wir bringen ein besseres dafür oder ein gleichwerti-

ges. Weißt du nicht, dass Allah die Macht hat, alles zu tun, was Er will?" (Sure 2:106).

76 Der Islam bezeichnet Mohammed als das „Siegel der Propheten" – mit ihm findet die Reihe der Gesandten Gottes ihren Abschluss und wird in ihm „besiegelt".

Ali Husnain

Der Preis meines Glaubens

Leben im Visier der Islamisten

Taschenbuch
272 Seiten
ISBN 978-3-7655-4308-1
auch als E-Book verfügbar

Ali wächst in einer hochgeachteten Familie in Pakistan auf. Er hat alles: Prestige, Sicherheit, Wohlstand, Bildung. Doch als er im Alter von 15 Jahren in dramatischer Weise Jesus begegnet, trifft Ali eine gefährliche Entscheidung: Er verlässt den Islam, wird Christ ... und muss untertauchen. Seine heile Welt zerbricht. Aber dann spricht Jesus erneut zu ihm ...

„Alis Geschichte liest sich spannender als ein Krimi. Aber es wird auch spürbar, unter welch immensem Druck Christen aus muslimischem Hintergrund in vielen Ländern heute stehen. Und wie das Leben eines Einzelnen für andere zum Segen werden kann."

Markus Rode, Leiter Open Doors Deutschland

BRUNNEN VERLAG GIESSEN
www.brunnen-verlag.de

Tom Doyle

Träume und Visionen

Wie Muslime heute Jesus erfahren -
23 wahre Geschichten

Taschenbuch
240 Seiten
ISBN 978-3-7655-4210-7
auch als E-Book verfügbar

Aischa setzte sich erschrocken auf. Wollte da jemand mit einem Mes-
ser ihre Zeltplane aufschneiden? Doch was sie dann sah, war noch
schockierender: Über ihr stand ein Mann in einem strahlend wei-
ßen Gewand ... Er hob seine Hand wie zu einem Gruß ... Das Licht
vom Gewand des Fremden schien in sie hineinzufließen. Er strahlte
eine überirdische Wärme aus. Sie wusste sofort: Dieser Mann liebt
mich! Und im nächsten Augenblick wusste sie, wer er war: Jesus
stand in ihrem Zelt ... Mit offenem Mund starrte Aischa auf die
Zeltwand. Die Geräusche von draußen nahm sie nicht mehr wahr.
Eine ganze Stunde lang saß sie stumm und starr da. Was konnte es
Gefährlicheres geben als eine Jesus-Vision in Mekka während des
Hadsch?

Unbemerkt von der Weltöffentlichkeit vollzieht sich in der
muslimischen Welt eine unvergleichliche Bewegung: Muslime
erzählen, dass Jesus ihnen in Träumen oder Visionen als Ret-
ter erschienen ist. Tom Doyle erzählt von den tief bewegenden
Lebensgeschichten dieser Menschen, die mit ihrem Glaubens-
wechsel ein hohes Risiko eingehen und verfolgt werden. Ein
atemberaubender Bericht.